가장 사적인 마음의 탐색

가장 사적인   마음의 탐색

우울 집착 분노 콤플렉스 행복 사랑 번아웃 나르시시즘

아무도 모르는 내 마음속
폭풍에 대하여

박동미 안진용 최현미 김인구 나윤석

바다출판사

차례

일러두기
이 책은 〈문화일보〉 연재 인터뷰 '한국인의 마음' 필자들이 새로 쓴 것입니다.
도서는 《 》, 언론, 영화, 앨범 등은 〈 〉로 묶었습니다.

자신의 마음을 들여다보라

우리 마음은 왜 힘들까? 우리 다섯 필자가 이 질문을 품고, 아픈 마음을 들여다보는 프로젝트를 하기로 의기투합한 것은 2020년 11월 어느 날이었다. 점심을 같이 먹고 신문사 사무실로 돌아오던 길이었다. 차가운 바람에 다 같이 몸을 움츠리고 이화외고 담벼락 옆을 지나갈 때였다. 한 후배가 그즈음 인상 깊게 읽은 정신과 의사의 책 이야기를 꺼냈다. 그 의사는 농장, 카페, 편의점 등을 차리고 중증 정신 질환자들을 고용해, 그들이 병원이 아닌 지역 사회에서 치유되도록 돕는 활동을 하고 있었다. 우리는 충분한 전문 지식이 없었기에 그 의학적 효과에 대해선 판단할 수 없었지만 마음의 병을 숨기지 않고 아프면 아프다고 말할 수 있어야 한다는 책의 의견엔 공감했다. 그렇게 시작된 이야기는 우리 자신을 포함해 많은 이들이 겪고 있는 마음의 고통, 참으로 괴로운 감정의 문제들로 이어지고 또 이어졌다.

무엇이 우리로 하여금 초겨울 한낮 속을 걸어가며 '마음'에 대해 열띠게 이야기하게 했을까. 아무래도 그해 본격적으로 시작된 코로나19 팬데믹 상황이 큰 이유였을 테다. 사회적 거리두기가 이어지면서 코로나 블루라는 말은 일상이됐고, 주변에선 우울하다는 말이 넘쳐났다. 다들 할 말이 많았다. 고립감에 대해, 매일 겪는 스트레스와 우울함에 대해, 만성이 된 듯한 번아웃과 어디선가 도사리고 있다가 튀어나오는 절망감과 무력감 그리고 잘못 건드렸다가는 폭발할 것 같은 내 마음속 분노 같은 것들에 대해 말이다. 우리가 매일매일 일상에서 분명하게 느끼는 감정들이었다.

"배가 똑바로 나아가려면 바닥짐을 실어야 하듯, 우리에겐 늘 어느 정도의 근심이나 슬픔이나 결핍이 필요하다"는 쇼펜하우어의 말처럼, 사람이라면 누구나 마음의 고통을 겪는다. 또 "시대마다 그 시대의 고유한 질병이 있다"는 철학자 한병철의 말을 빌리지 않더라도 우울증이 현대의 시대적 증후라는 것쯤은 안다. 이런 시대적, 존재론적 진실과

가장 사적인 마음의 탐색

함께 전 세계에서 경쟁이 가장 치열하고 변화 속도가 빠른 한국에서 아픈 마음은 일종의 '기본값'이라는 것 또한 사실이다. 이 많은 이야기 끝에 우리들 중 누군가 이렇게 말했다. "우리 마음 시리즈 한번 해 볼까요."

이렇게 시작돼, 우리 다섯 명의 기자들은 다음 해 봄 전체 기획을 가다듬었고, 여름부터 구체적으로 준비해 취재에 들어갔다. 그 결과물이 그해 가을부터 초겨울까지 연재된 '한국인의 마음' 시리즈이다. 우리는 한국인이라면 누구나 보편적으로 겪는 마음의 문제, 그 심층을 제대로 들여다보고 싶었다. '한국인의 마음'이지만 동시에 이곳에서 살아가는 한 사람 한 사람이 구체적으로 겪는 개인의 문제여야 했고, 개인의 문제지만 그 안에는 한국 사회의 모순이 자리하고 있어야 했다. 그런 기준으로 선정된 주제가 우울, 분노, 나르시시즘(자기 과시), 콤플렉스, 집착, 열정과 번아웃, 행복, 그리고 사랑이었다.

이중에서 우울, 분노, 나르시시즘, 콤플렉스, 집착, 번아웃이 부정적인 문제라면 사랑과 행복은 상대적으로 긍정적인 감정이라는 점에서 다소 결이 다르다. 하지만 우리 모두 행복해지길 바라지만, 자신이 기대한 만큼 행복하지 않으면, 곧바로 불행하다고 생각해 여러 마음의 문제가 일어난다. 그리고 우리가 겪는 많은 문제의 원인과 해결책이 결국 자신에 대한 사랑, 타인에 대한 사랑으로 귀결되기에 사랑이라는 주제 또한 빼놓을 수가 없었다. 이들과 함께 내로남불, 꼰대리즘, 젊음강박, 주의력 결핍증, 포기 등도 회의 테이블에 올랐다. 하지만 상대적으로 사회적 문제보다는 심리적 맥락에 집중하기로 하면서 이들은 최종 리스트에 포함되지 않았다. 주제를 풀어 가는 방법에 대해서도 다양한 의견이 나왔지만 각 주제를 제일 잘 아는 전문가와 그 문제를 직접 겪고 고민한 사람들을 집중 인터뷰해 깊은 이야기와 생생한 조언을 듣기로 했다.

그래서 김건종(행복), 윤홍균(사랑), 하지현(집착) 정신의학 전문의를 찾아갔고 최근 급속히 발전해 나가며 마음과 감정의 메커니즘을 발견하고 있는 뇌과학 쪽에서 설명을 듣기 위해 정재승 카이스트 바이오 및 뇌공학과 교수(우울)를 만났다. 유난히 화가 많은 듯한 한국인의 분노 문제는 프로파일러인 이수정 경기대 범죄심리학과 교수에게, 나르시시즘(자기 과시)은 자신의 행복을 위해 타인을 파괴하는 나르시시스트를 주인공으로 등장시킨 소설《완전한 행복》을 쓴 정유정 작가에게 들었다. 그리고 한국 사회에서 성 소수자로 쉽지 않은 시선을 견뎌야 했던 방송인 홍석천에게 콤플렉스를, 인기 걸그룹 '원더걸스' 출신의 가수 핫펠트에겐 스스로 힘겨웠던 번아웃에 대해 물었다. 이들은 이런 조언들을 내주었다. "과정으로서의 행복에 집중하세요"(정재승), "어떤 상황에서든 '일단 살자'라는 마음을 잊지 마세요"(핫펠트), "권위에 기대지 말고 자기 마음을 들여다보세요"(김건종) 그리고 윤홍균 선생은 이런 말을 했다. "사랑하기를 멈추지 마세요."

하지만 이 책은 기획 시리즈 '한국인의 마음' 기사를 단순히 정리해 묶은 것은 아니다. 각 필자들이 우울, 분노, 번아웃, 집착, 나르시시즘, 콤플렉스, 행복, 사랑 등 자신이 맡은 주제에 대해 처음 가졌던 문제 의식을 놓치지 않고 취재하며 답을 찾아가는 과정을 되돌아보며 완전히 다시 썼다. 당연히 여기엔 보다 개인적인 질문과 사유가 들어갈 수밖에 없다. 그래서 책은 한국인의 마음에 대한 공적인 보고서인 동시에 책 제목처럼 각 주제에 대한 매우 개인적인 내밀한 탐색이다.

그렇지만 이 작업을 통해 완전한 답을 찾은 것은 아니다. 그저 답을 찾아가는 하나의 성실한 과정이자 성찰이었다. 그래도 우리들이 함께 도착한 곳에서 알게 된 사실이라면,

스스로 자기 마음을 정성스레 들여다봐야 한다는 것이다. 자신의 마음을 제대로 보고, 따뜻하게 안아 줘야 한다. 살아 가면서 우리들은 누구나 크고 작은 마음의 상처를 입는다. 그 상처를 헤집어 덧나게 해선 안된다. 약을 바르고, 호호 불어 주고, 그렇게 시간 속에 딱지가 앉았다 떨어져 나가 아 물게 해야 한다. 상처를 딛고 일어나는 회복력, 회복의 탄성 을 키우는 것이야말로 우리에게 주어진 의무 같은 것이다. 이것이 우리 다섯 필자들이 내린 잠정적 결론이다.

이 책을 읽는 독자 분들도 책 속 여덟 개의 주제를 따라가 며 자기 마음을 깊숙이 들여다보고 용기를 내어 그 안쪽을 걸어 보시길 바란다. 잘 알고 있는 것 같지만 정작 제대로 모르는 자기 마음의 얼굴을 정성스레 살피고, 때론 상처투 성이인 그 민낯을 사랑하는 길을 찾으셨으면 좋겠다.

2022년 8월
다섯 필자를 대신해 최현미

가장 사적인 마음의 탐색

1장

우울

한없이 가라앉고 무력해지는 마음

행복은 인생의 '목표'가 아닌 힘든 삶을 이겨 내는 '동력'에 가까워요.
행복을 발견하고 발명하면 우울감도 어느새 낮아져 있을 거예요.

사소한 것이라도
결정해 보세요

뇌과학자 정재승의 우울 탐색

나윤석

10년 넘게 회사를 다니면서 딱 한 번 사표를 쓴 적이 있다. 삼십대 초반 무렵이었다. 딱히 하고 싶은 일이 있었던 건 아니다. 그저 서 있는 자리가 너무 힘겨워서 어디론가 도망치고 싶었다. 대단한 특종을 발굴하는 것도, 기막힌 기획을 하는 것도, 희대의 명문을 쓰는 것도 아닌 나는 아무래도 '기자'에 어울리지 않는 사람 같았다. 자신감이 낮아지니 의욕이 떨어지고, 의욕이 떨어지니 좋은 기사를 쓰기 어려워지는 악순환이 반복되었다. 친구들과 수다를 떨어도, 재밌는 영화를 봐도, 술을 마시고 노래를 불러도 즐겁지 않았다. 수백 번, 수천 번을 생각한 끝에 기자를 그만두기로 마음먹었다. 내일 사표를 던지고 나오면 이 지긋지긋한 일도 영원히 안녕이겠지. 상상만 해도 흐뭇할 줄 알았는데 막상 결심을 하고 나니 기분이 이상했다. 나를 들들 볶지만 그래도 안정된 울타리를 벗어나 누구 하나 손잡아 주는 이 없는 벌판으로 나가는 기분이었다. '지금, 이곳'에서 도망은 쳐야겠는데 어디로 가야 할지는 알 수 없던 그 기분. 우울이라는 주제를 곱씹으며 인생을 통째로 복습해 보니 막막하고 불안했던 내 지난 시절이 거기 있었다. 그래. 그때 나는, 아마도, 우울을 앓고 있었던 것 같다.

과거와 미래를 잃어버리다

임상 심리학자 앤드루 솔로몬이 쓴 《한낮의 우울》은 책 부제처럼 내면의 어두운 그림자와도 같은 우울을 다룬 고전이다. 실제로 여러 번 우울증을 앓았던 솔로몬은 이 책에서 우울이란 "균형 감각을 빼앗고 '거짓 무력감'에 젖게 하는 것"이라며 너무 많은 사람이 고통을 비밀로 간직한 채 '보이지 않는 휠체어'를 타고 살아간다고 말한다. 이 보이지 않는 휠체어에 우리 한국인도 불안하게 올라타 있다. 지난해 경제협력개발기구OECD 통계에 따르면 한국인의 우울증

유병률은 36.8퍼센트로 조사 대상국 중 가장 높았다. 불안 증세를 겪는 비율은 30퍼센트로 세 번째. 한국인은 왜 이렇게 아프고, 우울한가. 나는 그때 왜 그렇게 우울하고, 불안했던 걸까. 솔로몬은 '우울증은 과거의 상실에 대한 반응이고 불안증은 미래의 상실에 대한 반응'이라고도 했다. 이 문장에 밑줄을 그으며 그때가 생각났다. 사표를 가슴에 품고 부장을 찾아갔던 그날이.

"회사 그만두겠습니다."

"갑자기 왜? 나가서 뭐하려고?"

"결정된 건 없는데요, 공부를 해 볼까 싶습니다…."

"헛소리 하지 마. 회사 다니면서도 다 공부한다. 집에 가서 일주일 동안 놀면서 다시 생각해 봐라."

다시 생각해 보라는 느슨한 권유는, 사표를 들고 온 후배가 웬만큼 조직에 해로운 사람이 아니고서야 상사가 으레 하는 말이기에 크게 흔들리진 않았다. 다시 생각하긴 뭘 다시 생각해. 이미 수천 번 고민했는데. 일주일 동안 신나게 놀고 가서 '도저히 안 되겠습니다'라고 얘기해야지.

7년이 지난 지금 아직도 내가 기자로 살고 있는 건 그때

'벌판'으로 나가지 못했기 때문이다. 일주일간 신나게 놀아 보려 했는데 신나게 놀아지지 않았다. 정말 일을 때려치워도 괜찮은 걸까. 학교 다닐 때도 그렇게 싫어했던 공부를 또 한다고? 공부를 한다면 무슨 공부를? 온갖 잡념이 머릿속을 들쑤셨다. 결국 나는 사표를 찢어 버리고, 머쓱한 듯 머리를 긁적이며 다시 회사로 돌아갔다.

우울증은 과거의 상실에 대한 반응이고 불안증은 미래의 상실에 대한 반응이다.

솔로몬의 이 문장을 곱씹으니 변덕스러웠던 당시 내 감정이 조금 더 또렷이 보인다. 그때 나는 더 이상 기자 일은 의미가 없는 것 같아서, 기자로 살아온 '과거'도 전부 잃어 버린 것 같아서 우울해진 게 아니었을까. 그래서 사표를 썼겠지. 그런데 정작 벌판에 홀로 서려 하니 앞날의 내가 어떻게 될지 몰라서, '미래'를 전부 상실한 것 같아 불안해진 게 아니었을까. 사표를 도로 집어넣은 건 그렇게 하지 않으면 불안을 견딜 수 없었기 때문이겠지.

한없이 마이너스로 수렴하다

행복·기쁨·사랑이 긍정적 마음 상태라면 우울·분노·슬픔·질투·집착은 부정적 감정에 가깝다. 하지만 나쁜 게 항상 나쁘기만 한 건 아니다. 아무리 안 좋은 감정이라도 어떤 '순기능'이 있다. 화가 뻗쳐 생기는 분노는 행동의 변화를 부른다. 대개 더 나은 세상으로의 도약은 '못난 세상에 대한 분노'에서 비롯된다. 슬픔에도 좋은 점이 없지 않다. 속이 상해 한바탕 울어 젖히고 나면, 뿌연 안개가 걷히듯 마음이 깨끗해지면서 앞으로 나아갈 길이 또렷이 보이는 경우가 많다. '깊은 슬픔'은 복잡했던 무언가를 '리셋' 하며 성찰의 시간을 만나게 해 준다. 슬픔보다 더 슬픈 건 어쩌면 충분히 슬퍼하지 못하는 것인지도 모른다. 슬퍼할 겨를도 없이 정신없이 내달리다 보면 '전후좌우'를 살피지 못해 넘어져 버리기도 하니까. 마음의 정화를 뜻하는 카타르시스가 희극이 아닌 비극의 효과인 건 우연이 아니다.

질투와 집착은, 말할 필요도 없이 사람을 성장시키는 밑거름이다. 천재적 재능을 지닌 A를 질투하면 A를 넘어서진 못해도 그 언저리에 도달할 힘이 생긴다. 나 또한 때때로 질투를 느낀다. 7년 전 사표를 찢어 버린 뒤로는 예나 지금이나 좋은 기자가 되는 게 목표다. 나는 아직 한참 멀었는데 이미 좋은 기자가 되어 있는 동료를 보면 질투가 생긴다. 이런 마음조차 없었다면 지금의 나는 한참 더 못난 꼴을 하고 있었을 거다.

또 불안은 내일을 준비하는 이유가 된다. 야구 선수가 시합이 한참 남았는데 모두가 떠난 운동장에 홀로 남아 배트를 휘두르는 건 벼락치기 훈련으로는 감당이 안 될 것 같은 불안 때문이다. 나는 문화부에서 책을 담당한다. 퇴근할 때 꼭 다음 날 기사로 다룰 책을 챙겨가는 경우가 많다. 몇 시간씩 읽을 것도 아니면서, 그저 잠깐 훑어보고 잘 거면서, 그래도 그렇게 한다. 빈손으로 가면 불안하기 때문이다. 잠깐이라도 훑어보는 게 아예 안 보는 것보단 나을 테니까.

그럼 우울은 어떨까? 우울에 무슨 '장점'이 있는가. 인간은 보통 남에겐 가혹하고 본인에게는 한없이 관대한 존재지만, 우울로 감정의 바닥을 칠 때는 자신을 객관적으로 바라보지 못하는 것도 모자라 끝없이 구박하고 평가절하한다. 어쩌면 '과잉 자신감'에 빠지려야 빠질 수가 없다는 게 장점이라면 장점일 수 있겠다. 하지만 분노처럼 어떤 변화를 낳는 게 아니라, 그저 '나 못났네' 하며 방구석에서 멍하니 있을 뿐이다. 불평등에 분노하면 거리로 달려 나가면 되지만, 이 분노가 슬픔으로 바뀌고 종국엔 우울로 이어지면,

가장 사적인 마음의 탐색

어깨를 늘어뜨리고 한숨만 내쉬게 된다. 분노할 땐 불평등이 세상의 책임이라 여기지만, 우울할 땐 불평등이고 뭐고 다 내 탓인 것만 같기 때문이다. 언뜻 우울의 좋은 점처럼 보이는 것마저도 결코 장점이 아닌 것이다.

몸부림치고 생난리를 쳐도 아무것도 바뀌는 게 없을 것 같을 때, 우리는 무기력해지고 우울해진다. 요컨대 우울감의 요체는 '아무것도 하기 싫음'이다. 우울에 빠지면 사랑도 싫고, 섹스도 싫고, 다 싫어진다. 그러니 '마음의 손익 대차대조표'를 그린다면, 장점 덕분에 단점이 상쇄되는 다른 부정적 감정과 달리, 우울은 나 홀로 '마이너스'로 수렴되는 감정이 아닐까 싶다.

무엇이 행복한 과거를 지우는가

이런 우울감에 한번 휩싸이면 무언가가 '중력처럼 인정사정 보지 않고 밑으로만 끌어당기는' 듯한 느낌이 든다. 운동을 하면 도움이 된다지만 운동할 기분이 안 나고, 숙면을 취하면 좋다지만 잡생각이 많아 깊이 잠들지 못한다. 나를 아끼고 응원하는 주변 사람들은 하나도 눈에 들어오지 않는 나머지 어느새 확신에 찬 말투로 이렇게 되뇐다. '나는 불행

하고 외롭다.'

신경과학자들은 우울의 늪을 좀처럼 빠져나오기 힘든 이유가 맥락 의존적 기억 때문이라고 말한다. 이는 인간이 자신이 처한 상황과 긴밀히 관련된 일을 더 쉽게 떠올리는 경향을 뜻한다. 예를 들어 어릴 적 살던 동네를 우연히 지나갈 때 자신도 모르게 유년 시절이 떠오르는 것은, 뇌에 저장된 기억과 그 공간이 '시간'이라는 맥락을 공유하기 때문이다. 그런데 우울한 상태에선 이 맥락 의존적 기억이 큰 단점으로 작용한다. 뭘 해도 기운이 안 나는 우울이 현재 놓인 '맥락'이므로 기분 좋을 때 쉽게 회고할 수 있는 행복한 기억이 자취를 감춰 버리는 것이다. 즉 우울한 사람에게 행복했던 기억은 '덧없이 흘러간 순간'처럼 잘 기억하지 못하는 반면, 슬픈 사건은 아무런 방해 없이 떠올릴 수 있다. 우울이라는 '감정의 하강 나선'이 더욱 심각한 건 단순히 기분을 저조하게 만드는 것을 넘어 그 상태를 계속 '유지'하려는 경향이 있기 때문이다. 우울은 아주 '안정적'인 상태여서 한번 이 감정에 빠지면 이 감정을 해소하는 데 도움이 되는 방향으로 습관을 바꾸기 힘들다.[1]

1   《우울할 땐 뇌과학》 앨릭스 코브, 심심

가장 사적인 마음의 탐색

화려했던 과거에 갇히다

물론 무섭고 끔찍했던 체험들 못지않게 지나치게 즐거웠던 기억도 우울로 이어질 수 있다. 과거를 이상화하거나 한탄하며 그것에서 벗어나지 못하는 것이다. 어딜 가나 번쩍번쩍 플래시가 터지는 카메라 세례를 받다가 한순간 대중의 관심에서 멀어진 연예인들이 이런 유형의 우울에 빠지는 경우가 많다. 전문가들은 이를 '기쁨 후 스트레스post-joy-stress'라고 말한다.

우울증이 또 고약한 건 '우울을 앓는 당사자'가 아니면 쉽게 눈치채기 힘든 감정이라는 점이다. 우리는 바로 옆에 있는 사람이 분노하거나 슬퍼할 때 그의 감정을 어느 정도 짐작할 수 있지만 슬픔·분노·비관·자기 모멸 등 그 모든 부정적 감정의 찌꺼기가 결합한 우울에 대해선 무감해지기 쉽다. 우울은 '자기 안에서 일어나는 현상'이자 '이 감정을 가장 잘 볼 수 있는 사람은 자기 자신'이기 때문이다.[2] 분노가 폭발하고 발산하는 감정이라면, 그리고 슬픔이 터져 나오는 감정이라면, 우울은 속으로 가라앉고 침잠하는 감정이다.

2   《한낮의 우울》 앤드루 솔로몬, 민음사

우울의 시대를 건너는 방법

우울의 역사는 수십만 년 전으로 거슬러 올라간다. 원시 인류 역시 우울증을 앓았을 가능성이 있고, '의학의 아버지' 히포크라테스가 2500년 전 기술해 놓은 우울증의 증상도 현대의 그것과 별반 다르지 않다. 우울증은 서구에서 오랫동안 '멜랑콜리아melancholia'라는 말로 불리다 19세기 중반부터 억압, 저하를 뜻하는 '디프레션depression'으로 통용되었는데, 이 영어 단어가 저조한 기분을 뜻하는 말로 처음 쓰인 건 1660년의 일이다. 이처럼 우울은 긴 역사를 가졌지만, 우울을 앓는 사람이 급격하게 늘어나는 건 명백한 '현대성'의 결과다. 잠시만 한눈을 팔아도 낙오자가 되기 십상인 경쟁의 속도, 갈수록 값어치가 떨어지는 노동, 단절과 고립에서 비롯된 외로움은 바로 오늘의 문제이기 때문이다.

이제 다시 첫 질문으로 돌아가 보자. 왜 한국인들은, '현대성의 결과'인 우울을, 전 세계에 흩어진 수많은 '현대인'들 가운데서도 유독 심하게 앓고 있는 것일까. 이런 물음을 안고 정재승 한국과학기술원KAIST 바이오및뇌공학과 교수를 찾아갔다. 우울의 시대를 건너는 방법을 듣기 위해, '거짓 무력감'에 빠트리는 우울의 속살을 들여다보기 위해.

10여 년 전《정재승의 과학 콘서트》를 읽으며 정재승이

가장 사적인 마음의 탐색

란 이름을 처음 알게 되었다. 아마도 그 책은 내가 교과서를 제외하고 최초로 읽은 과학책이었을 것이다. '과학자는 글이 아닌 숫자에 강한 사람'이라는 편견 때문이었는지 '과학자인데 글을 잘 쓰네'라고 생각했다. 그리고 무엇보다 따뜻했다. 인문학의 향기를 품은 과학 교양서였다. 책날개엔 정재승의 대학 시절 방황기가 짧게 적혀 있었다. 스무 살이 되어 막상 물리학과에 입학하니 자신이 생각했던 물리학이 아니라는 생각에 방황하기 시작했고, 주로 동아리방에서 시간을 보내며 영화 동아리, 음악 감상부, 철학 동아리 활동에 주력하며 종종 학교 신문에 글을 썼다. 우울을 주제로 대화를 나눌 전문가를 고민하다 정재승을 떠올렸을 때, 아마도 오늘의 '인문적 과학자' 정재승을 키워냈을 저 젊은 시절의 이야기가 생각났다. 《정재승의 과학 콘서트》가 독자들의 뜨거운 반응을 얻은 건 과학의 문턱을 낮춘 친절한 말투와 태도 덕분이라고 믿었는데, 실제로 마주한 정재승은 자신의 책과 닮아 있는 사람이었다. 책이 품은 느낌 그대로 따뜻하고 친절했다.

보통 인터뷰이들은 자신이 하는 말에만 집중하는 경우가 많은데, 정재승은 '대학 전공은 뭐예요?' '기자 생활은 어때요?' 같은 질문을 툭툭 던졌다. 기본적으로 타인에 대한 관심이 많은 사람이라고 느껴졌다. 정재승의 바쁜 일정 탓에 딱 30분만 얘기를 나누기로 약속했는데, 예정된 시간을 훌쩍 넘겨 인터뷰가 이뤄지는 동안 그는 날카로움과 온기를 함께 품은 이야기들을 들려줬다.

마음을 탐구하는 뇌과학

'국민 과학자'로 사랑받는 정재승은 뇌과학을 '마음을 탐구하는 학문'이라고 믿는다. 그가 수년 전부터 '우울'과 '자살'의 상관관계를 집중적으로 연구하고 있는 것 역시 과학으로 '마음의 병'을 치유하려는 의지의 발현이다. 이런 그를 만나 뇌과학으로 우리 마음을 보고 싶었다. 뇌과학적 측면에서 우울은 '생각하는 뇌 부위'인 전전두피질과 '느끼는 부위'인 변연계가 작동하고 의사소통하는 방식에 문제가 생겨 나타나는 감정이다. 의욕과 기분을 고취하는 세로토닌이나 집중력, 스트레스 대처 능력을 키우는 노르에피네프린 같은 신경 전달 물질이 결핍되면 우울에 빠질 가능성이 높다. 신경과학자들은 다음 증상 가운데 다섯 가지 이상을 2주 동안 거의 매일 겪으면 우울 장애 진단을 내린다.[3]

- 슬프거나 공허하거나 짜증이 난 상태.

- 모든 활동에 흥미나 즐거움이 감소.

- 상당한, 그리고 의도하지 않은 체중의 감소 또는 증가. 식욕의 감퇴 또는 상승.

- 불면증 또는 수면 욕구 증가.

- 다른 사람이 알아볼 정도로 초조해하거나 느려진 행동.

- 피로 혹은 기력 상실.

- 자신이 쓸모없는 존재라는 느낌. 과도하고 부적절한 죄의식.

- 집중하거나 결정 내리기가 어려움.

- 죽음이나 자살에 대한 생각이 반복됨.

사실 인터뷰에서 이야기 나누고 싶은 주제는 '포기'라는 마음이었다. 포기는 피로와 번아웃으로 모든 걸 내려놓는 심리이자 행위로 뜨거운 열정만큼이나 한국인의 마음을 잘 설명할 수 있는 키워드라고 생각했다. 그런데 정재승은 최근 관심사인 자살을 주제로 택하면 더 많은 얘기를 할 수 있을 것 같다고 역逆 제안을 했다. 얼마 후 대전 KAIST 연구

---

3   《우울할 땐 뇌과학》 앨릭스 코브, 심심

실에서 마주 앉은 그는 '한국인이 우울하다'는 진단과 함께
말문을 열었다.

최근 2~3년간 한국 사람들이 '그전보다 훨씬 더 우울하다'라
는 걸 느낍니다. 한국인들은 지금 굉장히 우울하다고 '조심스
럽게' 진단할 수 있어요. 요즘 식사 자리에 가면 어김없이 '참
무기력하고 우울하다'는 말을 들어요. 몸이 처지고, 의욕을
상실해 특별히 하고 싶은 게 없다는 분들도 많고요.

사회적 질병이라는 흐름에서

정재승은 우울이 사회·경제적 환경에 크게 영향받는 '사회
적 질병'이라는 관점에 무게를 뒀다. 한국의 경우 물질적 토
대는 이전보다 개선됐으나 '개인주의'가 덜 발달해 타인의
시선을 지나치게 의식한다. 타인과의 비교가 일상화된 사
회라는 얘기다. 비교와 경쟁이 심한 데다 사회 안전망을 제
대로 갖추지 못해 '내 삶이 상대적으로 궁핍하고 불행하다'
고 느낄 수밖에 없다. 여기에 코로나19로 사회 활동이 단절
되고, 자영업자들은 경제적 궁핍을 경험하고, 많은 직장인
은 실직을 당하면서 우리 사회의 전반적인 우울감이 극도

가장 사적인 마음의 탐색

로 심화되었다.

특히 '한국인의 우울'은 세대별로 원인이 다르다. 한국 사회에서 모든 연령대를 통틀어 불안 지수가 가장 높은 세대는 이삼십대다. "대학을 졸업해도, 높은 영어 점수를 받아도 취업이 보장되지 않는 '불확실한 상황에서의 경쟁'이 젊은이들을 절망으로 내몰고 있다"는 게 정재승의 설명이다. 그는 경기 침체 장기화로 상당수 기업이 공개 채용을 줄이고 수시 채용으로 전환한 것 역시 불확실성을 부추긴다고 말한다. 2030의 우울을 수시 채용 확대와 연결 짓는 분석은 참 흥미롭게 들렸다. 취업을 준비한다는 것은 내가 입사를 꿈꾸는 회사에 나의 운명을 맡긴다는 뜻이다. 타인이 내 운명을 결정해 주길 기다리는 사람은 근본적으로 불안하고 우울할 수밖에 없다. 하물며 수시 채용 보편화로 언제, 어느 회사에 지원서를 낼 수 있을지조차 알 수 없는 오늘의 청년들은 얼마나 더 우울한 나날을 보내고 있을까.

(그때그때 필요한 사람을 뽑는) 수시 채용은 기본적으로 '경험 있는 자'가 유리할 수밖에 없는 제도예요. 경험을 쌓을 기회조차 없었던 청년들에겐 너무나 '좁은 문'인 것이죠. 그러다 보니 내가 뭘 해야 더 나은 미래가 약속되는 건지도 모르겠

고, 내가 뭘 잘못했는지도 모르겠고, 취직한 사람들을 보면 나랑 크게 다른 것 같지도 않고…. 이렇게 도무지 '알 수 없는' 상황에서 발버둥만 치면서 서서히 우울의 나락으로 빠져드는 것이죠.

이삽십대의 우울이 취업과 관련 있다면, 칠팔십대의 우울은 사회적 안전망과 연관 있다. 제대로 된 노후 대책을 마련하지 못했는데 사회의 '노후 보장제도'가 부실하니 경제적 궁핍이 심해져 우울감을 호소한다는 것이다. 정재승은 우리나라 노인 자살률이 전 세계에서 압도적 1위를 기록하고 있는 것은 이런 우울의 양상과 무관하지 않다고 말한다.

성별로 보면 여성이 남성보다 심각하게 우울감을 토로하고, 불안 지수도 훨씬 높은 경향이 있다. 실제로 지난해 이십대 여성과 삼십대 여성의 우울증은 전년 대비 각각 39.5퍼센트, 14.8퍼센트 증가했다. 이는 이삼십대 남성의 우울증 증가율(12.6퍼센트, 12.8퍼센트)보다 훨씬 높은 수치다.[4]

《미쳐있고 괴상하며 오만하고 똑똑한 여자들》을 쓴 하미

4　한국일보, 「'코로나 우울증'…정신과 찾은 '20대 여성' 40% 증가」, 이성택, 2021년 3월 9일

나 작가는 2030 여성의 우울의 원인을 이렇게 설명한다.

> 가부장제의 가족 제도 안에서 엄마를 지키기 위해 어린 시절
> 부터 필요 이상의 노력을 하며 자신의 쓸모를 증명하기 위해
> 애써 왔다. 또 가족이나 친구로부터 내몰려진 여자들은 당장
> 필요한 돌봄을 받기 위해 남성 연인을 동아줄이라 여기며 관
> 계를 맺었지만, 오히려 그들에게 신체적·정신적 폭력을 입
> 고 고립되기도 했다.
>
> 《미쳐있고 괴상하며 오만하고 똑똑한 여자들》, 하미나

의지를 잃어버린 사람의 뇌

이처럼 우울증은 외부 환경에 좌우되는 질병의 측면이 강
한데, 여전히 한국 사회는 그 원인을 개인의 나약함에서 찾
는 경향이 있다. 정재승은 우울한 감정이나 불안은 개인의
잘못 또는 노력 부족 때문이 아니라 그들이 놓인 특별한 상
황 탓임을 인식하는 게 중요하다고 말한다.

> 우울증에 걸린 쥐를 물속에 빠트리잖아요? 그럼 허우적거리
> 지도 않고 그냥 죽어 버려요. 이른바 '아네도니아'라는 현상

으로 우울증이 생명의 본능인 '삶을 향한 의지'마저 상실하게 한다는 것을 보여 줍니다. 의지를 잃어버린 사람을 앞에 놓고 '극복을 위해 어떤 노력을 했는가'라고 따져 묻는 건 도움이 안 됩니다. '나약한 개인'이라고 손가락질하며 '책망'하는 듯한 사회 분위기를 바꿔야 한다는 얘기입니다.

과연 우울이란 감정은 뇌과학적으로 진단할 수 있는 것일까. 정재승은 '그렇다'고 했다. 우울증 환자의 뇌는 정신적으로 건강한 사람의 뇌와 현저히 다르다고 한다. 만족감을 느끼는 데 필요한 세로토닌의 분비와 일상의 작은 기쁨을 느끼는 보상중추(측좌핵nucleus accumbens)의 활동이 줄어들어 '놓칠 뻔한 버스'를 운 좋게 타거나 '승진'하거나 '맛있는 음식'을 먹어도 별로 기뻐하지 않는다는 것이다. 무엇보다 현재를 판단하고 미래를 전망하는 전전두엽 기능이 떨어져 자신을 평가절하하는 왜곡된 판단을 내린다고 한다.

뚜렷한 뇌 변화가 발견된다는 것은 내게 희망적인 신호로 여겨졌다. 배가 아파 병원에 갔는데 의사가 '원인을 알 수 없다'고 고개를 흔들면 힘이 쭉 빠지지만, 병명을 콕 집어 주고 적절한 처방을 해 주면 '곧 낫겠구나'라는 기대가 생기니 말이다. 학계에 축적된 연구 역시 우울이 '진단 가능

가장 사적인 마음의 탐색

한' 감정이라는 사실을 보여 준다. 우울증을 진단할 수 있다는 것은 어떻게 하면 우울증이 나아질 수 있는지를 안다는 뜻이다.[5]

우리는 우울을 극복하는 방법에 대한 이야기는 잠시 멈추고, 우울과 '극단적 선택'의 상관관계로 주제를 옮겨 대화를 이어 갔다. 삶에 대한 비관으로 삶 자체를 내던지는 이들을 보면서 정재승은 우리나라 자살률을 절반 이상 낮추고 싶다는 목표를 세웠다고 한다. 부드러운 정재승의 표정도 이 얘기를 할 때만큼은 심각하고 어두워졌다.

한 실험에 따르면 우울증이 있는 사람과 없는 사람에게 감정이 실린 단어 목록을 보여 준 뒤 기능성 자기공명영상 fMRI 스캔을 한 결과, 우울증이 없는 사람은 뇌에서 감정과 관련된 정보를 처리하는 편도체의 활동 시간이 10초 이내였으나 우울증이 있는 사람은 이 시간이 25초 이상 지속되었다.[6] 우울한 마음, 우울증이라는 정신 질환은 이렇게 감정에 불필요한 에너지를 소모하며 좋은 의사 결정을 방해한다. 새로운 도전을 주저하게 하고, 타인과의 관계를 단절시키고, 내면으로만 '침잠'하게 하며, 행복할 수 있는 상황을 거부하게 만든다.

정재승처럼 '좋은 의사 결정'을 방해하는 정신 질환을 연구하는 뇌과학자에게 스스로 목숨을 끊는 건 생명체의 본능을 거스르는 비합리적 결정이나 다름없다. 물론 우울증에 걸렸다고 반드시 극단적 선택을 하는 것은 아니다. 세상에 절망할 일이 없는 사람은 없지만, 같은 일을 겪고도 어떤 이들은 벼랑 끝까지 가는 반면, 또 어떤 이는 이따금 슬픔을 느끼는 데 그칠 뿐이다. 실제로 우울증으로 치료를 받았거나 입원한 경력이 있는 이들이 자살할 확률은 4~6퍼센트 내외라는 연구결과도 있다.[7] 다만 정재승은 "컵에 물이 반정도 있을 때 '반밖에 없네'가 아니라 '조만간 누가 내 물을 마실 거야'라고 겁을 먹으며 미래를 과도하게 부정적으로 전망하는 이들이 극단적 선택에 이른다"고 설명한다.

자살과 희망의 상관관계

그는 오랜 기간 연구를 하며 자살 과정을 파악하는 인식에

7   《우울할 땐 뇌과학》 앨릭스 코브, 심심

변화가 생겼다고 한다. 예전엔 자살이 그저 '죽고 싶은 충동을 억누르지 못해' 벌어지는 사건이라고 생각했지만 여러 자살 시도자들을 만나면서 '충동 억제 실패'가 결정적 원인이 아니라는 사실을 깨달았다. 오히려 그들은 삶을 '더 이어가는 노력'과 '지금 마감하는 것' 사이에서 치열한 손익 계산을 하고 있었다. 죽음을 심사숙고하며 타인에게 구조 신호를 보내기도 하고, 자신의 심각한 상황을 울부짖기도 하면서 말이다. 그러다 미래 전망이 점점 비관적으로 바뀔 때 손익 계산에 따라 그들은 자살을 선택했다. 자살이 '수동성'의 결과가 아닌 '행동'의 결과라면, 자살을 감행하는 데 첫 번째로 필요한 조건은 약간의 충동보다는 현재의 고통이 영원할 것이라는 믿음이다. 자살은 모든 것에서 벗어나려는 노력이자 궁극적 탈출이다. 어쩌면 자살뿐 아니라 인생의 모든 중요한 선택은 손익 계산의 결과일지 모른다. 과거의 내가 사표를 수천 번 고민한 것도 마지막 1원까지 손해와 이익을 따져 보는 과정이었을 테니까.

정재승은 자살이 손익 계산의 결과라는 것, 그리고 모든 우울증 환자가 자살을 시도하지 않는다는 것에서 희망의 실마리를 본다. 과학적 예방 프로그램을 충실히 만들면 자살률을 낮출 수 있다는 신호이기 때문이다.

(보건복지부가 운영하는) 1393 자살 예방 상담 전화는 우울과 불안에 시달리는 이들의 고민을 듣고 조언을 건넵니다. 이 과정에서 나온 대화 데이터를 인공지능(AI)으로 분석하면 그들의 생각을 어떻게 읽고 대화해야 자살하려는 마음을 추스르고 삶의 의지를 되찾아줄 수 있는지에 관한 '프로토콜'을 만들 수 있습니다. 앞으로 머신 러닝(인간의 학습 능력과 같은 기능을 컴퓨터에서 구현하는 기술)을 활용해 SNS 글에서 자살 시도를 예측하는 연구도 진행할 예정입니다.

사소한 것이라도 결정하라

그렇다면 우울이라는 내면의 어두운 그림자에서 벗어나려면 어떻게 해야 하는 걸까. 앨릭스 코브는 '일단 뭐라도 결정하라'고 말한다. 대개 불안과 걱정을 촉발하는 것은 확실성이 아닌 가능성이다. 사람들은 선택의 여지가 많을수록, 즉 걱정할 게 많을수록 불안하고 우울해지기 마련이다. 그러니 가능한 한 선택의 폭을 좁히는 게 급선무다. 최선의 결정이 아니라도 괜찮다. 그럭저럭 괜찮은 결정이면 충분하다. 아무리 사소한 일이라도 스스로 무언가를 결정하고 나면, 어떤 일이든 조금은 더 쉽게 처리할 수 있을 것 같은 자

가장 사적인 마음의 탐색

신감이 생긴다.

앞서 우울감을 생각하는 뇌 부위인 전전두 피질과 느끼는 부위인 변연계가 소통하는 방식에 문제가 생겨 나타나는 감정이라고 정의했다. '결정'이라는 목적 지향적 행동을 하면 전전두 피질과 변연계 회로의 균형을 되찾는 데 도움이 된다. 결정을 내리고 목표를 세우면 기분을 북돋는 도파민이 분비된다는 연구 결과도 있다. 한 실험에선 두 마리 쥐에게 각각 다른 방식으로 코카인을 주입했다. A 쥐는 레버를 눌러야 코카인을 받을 수 있도록 했고, B 쥐는 A 쥐가 레버를 누를 때까지 기다려야 했다. 결과적으로 두 쥐는 같은 양의 코카인을 주입받았지만, 가만히 기다리기만 했던 B 쥐와 달리 능동적으로 레버를 누른 A 쥐의 측좌핵에서 더 많은 도파민이 나왔다. 자신이 정한 목표를 달성했을 때, 우연히 좋은 일이 일어난 경우보다 훨씬 더 큰 보상을 받은 느낌이 드는 것이다.

이와 함께 코브는 '재앙적 사고를 피하라'는 팁을 건네기도 한다. 재앙적 사고, 즉 일어날 수 있는 최악의 상황을 상상할 때 우울과 불안이 자란다. 사랑하는 연인에게 전화를 부탁한다는 메시지를 남겼는데, 두세 시간 동안 아무 답이 없다고 '나에 대한 애정이 식은 것'이라고 결론 내리는 식이다. 일어나지도 않은 일을 혼자 상상하지 않고 지금 이 순간에 집중하는 것은 결정을 내리는 행위처럼 전전두 피질의 활동을 증가시켜 편도체를 진정시키는 효과를 낸다.

뻔한 얘기 같지만 운동도 과학적으로 입증된 우울감 해소 방편이다. 우리를 힘들게 하는 많은 문제의 해답은 모두가 아는 뻔한 것인 경우가 많다. 몰라서 안 하는 게 아니라, 아는데도 하지 않기 때문에, 문제가 해결되기는커녕 점점 나쁜 상황으로 치닫는다. 그러니 짬이 날 때마다 몸을 움직여 보자. 운동은 근육뿐 아니라 뇌도 강화한다. 몸을 쓰면 기분을 향상시키는 세로토닌, 스트레스 대처 능력을 증강하는 노르에피네프린 분비가 촉진된다. 매일 운동할 시간이 안 나면 잠깐 나가서 햇볕을 쬐는 것도 도움이 된다. 밝은 햇빛은 밤에 숙면을 취하게 하는 멜라토닌을 생성한다.[8]

먼저 우울의 감정을 인정하라

《왜 그는 더 우울한 걸까?》를 쓴 임상심리학자 조너스 A. 호위츠는 우울의 감정을 우선 인정하고 대면하는 것이 중

---

8   《우울할 땐 뇌과학》 앨릭스 코브, 심심

요하다고 말한다. 삶이 힘겹고 기분이 울적해질 때면 내면에 있는 '마음의 소리'는 이렇게 외친다. "그냥 툭툭 털어 버리고 기운 내. 우는 소리 좀 그만하고 이겨내!" 우울은 '잘못된 감정'이라고 설득하는 듯한 이런 목소리에 휘둘리지 않는 것이 우울을 물리치는 첫 단계라면, 다음으로 필요한 것은 우울을 독립된 실체로 받아들이는 것이다. 생각보다 많은 환자들이 '나=우울증'이라고 인식하는 경향이 있는데, 이 등식을 깨야 한다는 얘기다. 영국 총리를 지낸 윈스턴 처칠은 자신의 우울증을 '검은 개'라고 불렀다고 한다. 호위츠는 이 일화에서 착안해 내담자 옆에 괴물처럼 생긴 고릴라 인형을 앉혀 놓는다. "고릴라를 당신에게 따라붙는 '우울한 괴물'이라고 생각해라"라고 말한다. 이렇게 우울감을 자아와 분리된 것으로 인정한다면 어느 순간 '괴물을 물리칠' 만큼 의지력이 강해져 감기를 떨어내듯 우울을 날려 버릴 수 있다.

호위츠는 '인간관계를 종이에 그려 보는 것'도 추천한다. 우울은 당신이 다른 누군가에게 꼭 필요한 존재라는 흐뭇한 감정을 느끼는 것을 원치 않는다. 무의미한 존재라고 자책하며 혼자만의 방에 틀어박히기를 원한다. 종이와 펜을 준비하고, 떠오르는 주변 사람의 이름을 하나씩 적어 보자.

몸부림치고 생난리를 쳐도
아무것도 바뀌는 게 없을 것 같을 때,
우리는 무기력해지고 우울해진다.
요컨대 우울감의 요체는 '아무것도 하기 싫음'이다.

그리고 아침마다 이들 가운데 한 명에게 짧은 문자 메시지를 보내 보자. "안녕? 잘 지내지?" 정도의 안부 인사면 충분하다. 이렇게 사람과 유대관계를 맺으면 뇌에선 옥시토신이라는 신경 전달 물질이 만들어지고, 옥시토신은 마음을 안정시키는 세로토닌의 분비를 촉진한다. '질 높은 수면'도 반드시 숙지해야 할 솔루션이다. 잠을 제대로 못 자는 것은 우울증의 가장 흔한 증상일 뿐 아니라 우울증을 일으키기고 유지하는 가장 큰 요인이다. 호위츠는 잠자리에 들기 1시간 30분 전부터는 TV나 스마트폰 같은 전자 기기 화면을 보지 말고, 체온이 약간 떨어져야 깊이 잠들 확률이 높아지는 만큼 침실 온도를 선선하게 유지하라고 조언한다.[9]

정재승은 행복과 우울의 관계를 생각하며 우울에서 벗어나 보자는 말을 건넸다. 흔히 우리는 '우울하면 불행한 것'이라고 인식한다. 이렇게 우울과 불행을 '등호(=)'로 연결하면, 우울한 상태에선 '행복'할 수 없다는 말이 된다. 하지만 정재승은 행복은 우울의 반대말이 아니라고 말한다. 슬픔을 모르는 인간을 상상하기 힘들 듯, 우울과 무관한 인간이란 어디에도 없기에, 우울을 끌어안고도 행복감을 경험

---

9   《왜 그는 더 우울한 걸까?》 조너스 A. 호위츠, 책사람집

가장 사적인 마음의 탐색

할 수 있다는 것이다.

과정을 통해 행복해지는 뇌

세상은 공정하지 않고 정의롭지도 않지만, 인간은 부조리한
사회를 견뎌 내기 위해 '과정을 통해 행복해지는 뇌'를 발명
했어요. '성취'라는 결과가 주는 행복감에는 이내 적응이 되
지만 '과정'이 주는 행복감과 만족감은 길고 묵직하다는 얘
기입니다. 행복은 인생의 '목표'가 아닌 힘든 삶을 이겨 내는
'동력'에 가까워요. 행복을 발견하고 발명하면 우울감도 어느
새 낮아져 있을 거예요.

솔로몬은 가족과의 삶이 참담하고 버겁다고 느끼던 가장
에게 염소 한 마리를 들여 볼 것을 권유한 현자의 이야기를
들려준다. 염소를 들인 뒤, 오히려 아예 견딜 수 없는 차원
의 고통스러운 일상이 펼쳐지자, 그 현자는 염소를 치울 것
을 다시 권했고 가족의 일상은 비교적 평화로워졌다. 어쩌
면 우리가 지금 심각하게 여기고 있는 현실의 문제 또한 집
안을 쑥대밭으로 만든 염소에 비하면 사소한 것일지도 모

른다.[10] 우울감이 자가 증식해 나를 갉아먹는 병으로 나아가지 않는다면, 결코 '염소' 따위가 우리를 해치지는 못할 것이다. 염소를 치우고 나면, 모든 게 다 원래 있던 그 자리에 있을 것이다.

지금 삶이 힘겹다고 느끼는가? 하루에도 몇 번씩 땅이 꺼져라 한숨을 내쉬고 있는가? 그래도 괜찮다. 너무 불안해하지도, 괴로워하지도 말자. 우울은 우리를 끝장내지 못한다. 우울은 인간의 기본 조건이며, 우리의 마음속을 멋대로 들락날락하는 감정일 뿐이니까.

날마다 우울을 경험합니다

정재승과 우울을 주제로 대화를 나누다 보니 문득 궁금해졌다. 삼십대 초반에 KAIST 교수가 된 이후 줄곧 실패 없는 인생을 살아온 것 같은 그도 우울하다고 느낄 때가 있을까. '100만 베스트셀러' 작가이자 〈네이처〉 같은 해외 유수 학술지에 논문을 게재하는 학자인 그도 '삶이 뜻대로 되지 않아 힘겹고 버겁다'며 주저앉고 싶을 때가 있을까. 예상 외

---

10   《한낮의 우울》앤드루 솔로몬, 민음사

로 그는 "날마다 우울을 경험한다"고 했다.

특히 코로나19 사태를 거치며 우울감이 심해졌어요. 작년까지만 해도 몸도 새롭게 추스르고 운동, 요리, 화분 가꾸기 같은 취미도 가져 봤는데 올해는 좀 지치네요. '내년이면 해결이 될까'라는 막막함도 생기고요. 내년 말쯤 되면 사람들이 세상에 나올 텐데, '코로나19 시기에 3년간 넌 뭘 했니?'라고 서로 물어볼 것 같아요. '난 별로 한 게 없는데, 사람들은 정말 열심히 살았구나'라는 걸 알게 되면 스스로에 실망할 것 같기도 하고요. 무척 힘들었던 또 '힘들어서 뜻한 바를 이루지 못했던' 우리를 응원하고 싶어요. '삶이란 원래 그런 것 아니냐'고 다독이면서요.

정재승의 이 말은, 성취에 대한 세상의 평가와 상관없이 울적하고 불안한 감정은 감기처럼 때가 되면 찾아오고, 또 시일이 흐르면 사라지는 것이라는 얘기 같아 위안이 됐다.

정재승도 우울하고, 나도, 당신도 우울하다. 어쩌면 우리를 진정으로 무릎 꿇게 하는 건 '나만 아프다'는 외로운 감각인지도 모른다. 함께 아픔을 나눌 수 있다면 우리는 다시 일어설 수 있다. 우울의 시간이 지나면, 바닥을 박차고 솟아오를 순간도 찾아올 것이다. 그때까지, 잘 버텨 보는 거다.

우리는 현재의 상태가 영원할 것처럼 느끼기 쉽다. 하지만 우울증은 계절과도 같은 것이고, 나는 겨울을 나듯 거듭해서 우울증을 겪는다. 이따금 찾아오는 악마를 맞이할 준비가 항상 되어 있다. 겨울이 그러하듯, 여름도 다시 오게 마련이다. 나는 밑바닥으로 굴러떨어졌을 때조차 좋아진 때를 상상하는 법을 배웠고, 그 소중한 능력은 악마적인 어둠 속을 한낮의 햇살처럼 파고든다.

《한낮의 우울》, 앤드루 솔로몬

가장 사적인 마음의 탐색

함께 읽으면 좋은 책

모든 것은 그 자리에 올리버 색스 지음 | 양병찬 옮김 | 알마

지난 2015년 세상을 떠난 신경학자 올리버 색스의 마지막 에세이집입니다. 어린 시절 첫사랑에 대한 회고부터 병실에서 만난 환자들의 임상 사례에 관한 기록까지 33편의 글을 묶었습니다. '뇌의 경이로움'을 드러내는 글쓰기를 해 온 색스는 신경 질환이 심각한 장애가 아니라 뇌의 '이상 작동'을 잠시 목도하는 경험이라는 점을 일깨웁니다. 정재승은 "색스가 인생의 마지막 순간에 써 내려간 글들을 통해 '죽음을 맞닥뜨린 사람'이 삶을 대하는 방식을 들여다보며 용기와 위로를 얻을 수 있을 것"이라고 말합니다.

한낮의 우울 앤드루 솔로몬 지음 | 민승남 옮김 | 민음사

앤드루 솔로몬 미국 컬럼비아대 임상심리학과 교수의 논픽션으로 우울에 관한 최고의 고전 중 하나로 꼽힙니다. 국내엔 2004년 처음 소개됐으며 지난해 100여 쪽을 추가한 개정판이 나왔습니다. 어머니의 자살 이후 갑자기 찾아온 저자의 우울증에서 시작해 우울증의 역사와 배경, 치료 방법 등을 살핍니다. 우울증을 딛고 일어난 이들의 사례를 전하며 우리에게 '얼마나 큰 회복력과 힘과 상상력이 존재하는지' 보여 줍니다. 인간은 극심한 고통 속에서도 사랑하고 사랑받을 수 있는 존재입니다.

우울할 땐 뇌과학 앨릭스 코브 지음 | 정지인 옮김 | 심심

우울증 전문가 앨릭스 코브가 15년간의 연구 성과를 집대성한 책입니다. 뇌는 고정된 것이 아니라 끊임없이 변화한다는 '신경 가소성' 원리를 바탕으로 우울의 '하강 나선'에 빠진 뇌를 '상승 나선'에 올라

타게 하는 방법을 일러 줍니다. 충분한 수면과 규칙적인 운동, 가까운 사람에게 고마운 마음 표현하기 같은 작은 실천만으로 '우울한 뇌'는 바뀔 수 있습니다. 뇌과학 이론을 알기 쉽게 설명한 것은 물론 실용적인 팁까지 가득 담아 가독성이 높습니다.

가장 사적인 마음의 탐색

2장

집착

그만두고 싶은데, 멈출 수 없다

생각은 생각으로 이길 수 없습니다.
집착과 강박으로 힘들어지면 '몸'을 움직여야 합니다.

내가 내 삶의
대주주가 되어야 합니다

정신과 전문의 하지현의 집착 탐색

나윤석

세 살 먹은 딸을 키우고 있다. 자녀 교육엔 별 관심이 없었는데 나도 아빠가 되어 가는 건지 애들 학원 얘기만 나오면 귀를 기울이게 된다. 네다섯 살짜리 애를 월 일백만 원이 넘는 영어 유치원에 보낸다는 이야기는 이제 새롭지도 않다. 며칠 전에는 아직 초등학교도 입학하지 않은 아이들이 단체로 논술 과외를 받는다는 말을 듣고 까무러칠 뻔했다.

생각만 해도 한숨이 나온다. 나는 언제쯤 부모들의 욕망으로 들끓는 저 사교육 시장에 딸을 밀어 넣어야 할까. 언제까지고 버틸 순 없을 것이다. 어느 날 한 선배에게 "영어 유치원이든 영어 학원이든 최대한 늦게 보내고 싶어요. 요즘 애들, 너무 안됐어요"라고 말했다가 이런 답을 듣고 눈앞이 캄캄해졌다. "그럼 나중에 친구가 없을 텐데. 꼭 뭔가를 배우러 학원에 가는 게 아냐. 어릴 때 맺은 친구가 중학교, 고등학교까지 죽 이어지는 거야."

고통도 있고 아픔도 있지만 그래도 '세상에 태어나서 참 좋다'는 생각을 가끔 한다. 컴컴한 극장에 불이 꺼질 때, 사랑하는 사람들과 맛있는 걸 먹을 때, 화창한 봄날 햇살 쏟아지는 거리를 걸을 때 그런 생각을 한다. 서너 살부터 '학원 뺑뺑이'를 돌고, 아름다운 것만 봐도 모자랄 나이에 친구를 찍어 누르는 경쟁부터 배운 아이들이 나중에 가끔이라도 세상을 따스하게 바라볼 수 있을까. 내 딸도 그럴 수 있을까. 솔직히 자신이 없다. 아랫세대에 대한 윗세대의 가장 중요한 의무가 좋은 세상을 물려주는 것이라면, 우리는 지금 모두 죄를 짓고 있는지도 모른다.

교육에 중독된 부모의 초상

하지현 건국대 교수는《공부 중독》《포스트 코로나, 아이들 마음부터 챙깁니다》등의 책을 통해 자녀 교육에 집착하는 한국 부모에 주목한 정신과 전문의다. 사회학자 엄기호

와의 대담집인《공부 중독》은 제목 그대로 우리 사회의 교육 집착이 용인 가능한 수준을 넘어 '중독' 단계에 이르렀다고 진단한다. '한국인의 마음'을 병들게 하는 '집착'의 근원을 '교육'에서 찾으며 각자 다른 재능을 타고난 아이들을 '공부의 세계'로 등 떠미는 사회가 경쟁에서 탈락한 이들의 마음에 절망과 박탈감을 새긴다고 말한다.《포스트 코로나, 아이들 마음부터 챙깁니다》는 비대면 시대 교육의 진짜 문제는 '학업 공백'이 아닌 '마음 공백'이라며 감염병이 학교에서 공감 능력을 키우고 사회화되는 기회를 빼앗았다고 꼬집는다.

하 교수는 '집착'을 키워드로 하되 자녀 교육, 그리고 이와 연관된 부동산 문제에 집중해 대화를 나누자고 했다. 그와는 이미 2년 전 가을《정신과 의사의 서재》가 나왔을 때 인터뷰를 통해 만난 적이 있다. 1년에 100권 이상의 책을 읽는 다독가로서 독서의 이유와 제대로 책 읽는 법을 담은 에세이였다. 당시 좋아하는 책 이야기를 하던 그의 눈은 소년처럼 초롱초롱했는데, 이번에는 마주하고 있는 내내 낯빛이 어두웠고 목소리도 가라앉아 있었다. 나처럼 그도 자식을 키우는 부모로서 계급 상승을 향한 욕망이 어지럽게 충돌하는 교육 현장을 생각하면 어디서부터 문제 해결의 실마리를 찾아야 할지 몰라 암담해지는 게 아닐까, 짐작했다.

멈출 수 없는 어떤 행동

우선 하 교수는 집착이라는 말이 의학 용어는 아니라고 밝히며 "환자가 어떤 생각이나 행동을 그만두고 싶은데 멈출수 없을 때 '집착한다'는 진단을 내린다"고 말했다.

집착은 '마음의 브레이크'가 고장 나 스스로 감정을 조절하지 못하는 상태입니다. 인지적 측면에서 '강박'이라는 용어를쓸 수 있고, 행위적으로는 집착이 심해지면 '중독'으로 이어집니다. 사람은 기대 이상의 '강한 보상'을 받으면 뇌에서 행복감을 느끼게 하는 물질인 도파민이 강하게 분출됩니다. 큰보상을 안겨 준 행위를 반복하지 않으면 공허함에 빠지고, 다른 행동을 통해선 그만큼의 쾌감을 느낄 수 없게 됩니다. 카지노로 '손맛'을 한 번 보면 도박장을 떠나지 못하고, 작은 권력이라도 휘둘러 보면 정치판을 계속 기웃거리게 되는 것과비슷하죠.

하 교수는 집착을 낳는 세 가지 심리적 동기를 소개했다.

　　　　　　　　　　가장 사적인 마음의 탐색

첫 번째는 뒤에서 늑대가 쫓아오는 듯한 절박함이다. 이런 절박함에서 비롯된 집착은 비합리적 판단으로 이어지는 경우가 많다. 시간에 쫓기는 나머지 심사숙고의 과정이 생략되어 버리기 때문이다. 두 번째는 '옆에 있는 저 사람보다는 잘하고 싶다'는 마음이다. '쟤가 명품을 사면 나도 사야지, 쟤가 새 차를 뽑으면 나도 뽑아야지'라는 비교의 층위에서 생기는 감정이다. '남보다 뒤떨어진다'는 열등감 콤플렉스에서 집착이 시작되는 것이다. 세 번째는 좀 더 고차원적인 것으로 이상과 욕망에 대한 추구다. 뒤나 옆이 아닌 '앞'을 내다보며 '무엇이 되고 싶다'거나 '무엇을 하고 싶다'는 생각을 품는 것이다. 하 교수는 "자신의 집착이 '앞' '뒤' '옆' 가운데 어디서 온 것인지 확인하는 작업이 필요하다"고 조언한다.

말도 잘 못하는 아이 손을 잡고 학원으로 향하는 부모의 마음은 셋 중 어디에 가까울까. 아마도 절박함과 열등감, 고차원적 이상이 조금씩 섞여 있을 것이다. 단순 명쾌하게 하나의 결로 설명할 수 있는 집착이 아니기에 스스로 들여다보는 것도, 해결하는 것도 어려울 것이다. 하 교수의 말대로 "이전엔 상상조차 하기 힘든 어린 나이 때부터 공부를 시작"한다. 맘카페엔 '내 소득이 얼마인데, 우리 아기 영유(영어 유치원) 보내도 될까요?'라는 글이 수시로 올라온다. 빚을 내서라도 '아이 공부'에 투자하고, 재력이 넉넉하면 '영어 유치원, 사립 초등학교, 국제 학교' 코스를 고민한다. 온 가족이 자녀에게 매달리는 '집중 양육'의 시대라고 해도 과언이 아니다.

계급 상승을 위하여

'집중 양육'은 미국의 사회학자 아네트 라루Annette Lareau가 만든 개념으로 지난 30년간 '좋은 육아법'의 전형처럼 여겨졌다. 집중 양육의 교리敎理 안에선 아이의 모든 일정이 부모의 일정에 앞서고, 그 무엇보다 아이의 성공이 중요하다. 유아기의 놀이조차 발달을 촉진하는 것이어야 하며, 이후 모든 일상은 훗날 일터에 진입할 때를 대비한 최적화 과정으로 짜인다. 아이는 그렇게 어른이 되기 한참 전부터 '작은 성인'이 되고, 그에 수반되는 불안과 기대를 끌어안는다. 라루가 1990년대 이 개념을 제시했을 때만 해도 집중 양육은 중산층의 관습에 가까웠으나 이젠 계층의 구분이 무의미해졌다. '계급을 유지하기 위해서' 혹은 '계급 상승을 위해서'라는 목적만 다를 뿐 누구나 아이 교육에 집착하는 시대니

가장 사적인 마음의 탐색

까. 요즘 말로 하면 '헬리콥터 육아'쯤 될 만한 집중 양육은 자연스러운 성장의 소중함을 간과하거나 무시한다. 계획되지 않은 시간 속에서 아이 스스로 호기심과 독립성을 키우고, 또래와 협상하는 법을 익히는 그 과정 말이다.

미국 학자의 개념임에도 불구하고 집중 양육은 한국의 부모들을 더없이 잘 설명할 수 있는 말이다. 영어와 수학에 예체능까지 안 가르치는 과목이 없고, 중학생쯤 되면 '기러기 생활'도 고민해 보고, 이력서를 빼곡하게 채워 대학에 보내는 부모들의 모습을 다른 무슨 말로 표현할 수 있을까.

하 교수는 한국인들이 자녀 교육에 '올인'하는 건 다른 집착이 그렇듯 '강한 보상'에 대한 기억 때문이라고 했다.

40~60대 부모 세대는 '공부'를 통해 보상을 받은 경험이 있거나 주변에서 그런 '성공담'을 숱하게 목격했습니다. 1980년대에 대학에 들어간 이들은 '교육'이라는 상징 자본으로 손쉽게 '중산층'이 됐습니다. 또래 중에 대학 졸업장을 받은 사람은 30퍼센트밖에 없었으니까요.

하 교수의 말대로 이들이 취업할 무렵인 1987~1988년도는 우리나라 경기가 한창 좋을 때라 대기업 취업이 상대적으로 수월했다. 좋은 일자리 수에 비해 대졸자가 모자랄 정도였기 때문이다. 주거도 마찬가지다. 1980년대 후반부터 1990년대 초반 신도시가 만들어질 때 집을 싼값에 살 수 있었다. 한국 사회가 해방 이후 엄청난 팽창과 발전을 하던 시기에 586세대가 운 좋게 '좋은 라인업'을 탄 것이다.[1]

물론 역사적 맥락에서 볼 때 '사농공상' 문화도 교육 집착의 근원이라 할 수 있다. 하 교수는 한국인들에게는 교육을 통한 입신양명이라는 뿌리 깊은 동경이 있다며 "일본만 해도 '7대째 포목상'을 하는 집안이 흔하지만 '공부로 출세해야 한다'는 욕망이 지배적인 한국에선 이런 경우를 찾아보기 힘들다"고 지적했다.

흐름을 놓쳐 소외되는 상황에 대한 공포를 일컫는 '포모(FO-MO·Fear Of Missing Out) 증후군'이 집착을 낳습니다. 혼자 빠져나갔다간 혼자 불리해질 것이라는 두려움 탓에 그만두고 싶어도 멈추지 못하는 겁니다.

---

1   《공부 중독》하지현·엄기호, 위고

그와 대화를 나누다 보니 갑자기 나는 왜 학창 시절에 공부를 했었는지 궁금해졌다. 재미도 없는 공부를 그렇게 오랫동안 어떻게 했을까. 그동안 단 한 번도 떠올려 본 적 없는 질문이었다. 포모 증후군, 아마도 이것 때문이었던 것 같다. 책상에 앉아 한 문제라도 더 풀지 않으면 혼자 밀려날 것이라는 공포. '공부로 출세'까지는 몰라도 공부를 열심히 하면 선택할 수 있는 길이 조금은 더 넓어질 것이라는 믿음. 이런 공포와 믿음에서 비롯되는 집착….

고등학교 3학년 때 공부하는 게 너무 괴로워 하루 온종일 대학 캠퍼스를 누비는 미래를 상상했다. 10분, 20분 지각을 하면 오리걸음을 하거나 회초리로 매를 맞고, 새벽 6시에 일어나 밤 11시까지 교실에 붙잡혀 있어야 하는 하루하루가 지옥처럼 느껴졌다. 최근 출간된《대치동》을 쓴 입시 전문가 조장훈은 한 외신 기사를 각색해 대한민국 수험생의 끔찍한 일상을 이렇게 묘사한다.

한국에선 21세기인 오늘에도 만 18세가 된 청소년들이 대학 입시라는 극단적인 고통의 성인식을 강요받고 있다. 지난 20년간 매년 고등학교 졸업자의 70퍼센트 이상이 대학에 진학해온 이 나라에서 대학 진학에 실패한 사람은 낙오자로 간

주된다.

(…)

2000년대 초까지만 해도 교사의 지시나 권유에 불응하는 학생에겐 체벌이 이뤄지는 등 심각한 인권 침해가 자행됐다. 그뿐만 아니라 학습에 방해가 된다는 이유로 학생들은 외모를 가꿀 수 없었다. 다행히 2000년대 중반 이후 두발 단속, 체벌, 강제 자율 학습 등 반인권적 교육 문화는 상당 부분 개선됐으나 여전히 대학 입시는 학생들의 삶을 심각하게 억압한다.

《대치동》, 조장훈

기대가 크면 실망도 큰 법이라는데, 웬걸, 대학에 들어가니 상상했던 것만큼 행복했다. 늦잠 자도 뭐라고 하는 사람이 없는 것, 수업 빼먹어도 회초리 드는 선생님이 없는 것도 좋았지만, 무엇보다 기뻤던 건 '하기 싫은 걸 억지로 하지 않아도 된다'는 가뿐한 감각이었다. 어쩌면 나는 과장된 공포와 막연한 믿음이 뒤섞인 집착으로 공부에 매달리는 동안, 가장 파릇파릇하고 생기 넘쳐야 할 십대 시절에 너무 일찍 세상을 향한 흥미를 잃어버린 것인지도 모르겠다.

공정에 대한 무감각

하 교수는 교육 집착의 문제가 이른 나이에 아이가 지쳐 버리는 것만이 아니라고 했다. 진영에 따라 우리 사회를 두 동강 낸 '조국 사태'에서 보듯, 공정과 불공정의 경계에 대한 감각이 무너지는 한복판에 부모와 자녀의 암묵적 합의로 이뤄지는 '학벌 전쟁'이 있다는 것이다.

(불법임이 명확한) 인턴 증명서·표창장 위조에 대해 한쪽에선 '애를 키우다 보면 약간의 탈법을 할 수도 있는 것 아닌가. 어느 부모가 돌을 던질 수 있겠느냐'며 변호합니다. 보편적 상식이 모호해지고, 불법과 탈법의 기준이 희미해지면 '판돈 큰 사람이 이기는' 게임의 구조가 굳어질 수밖에 없습니다. 부모의 교육 집착이 정서적 감응력이 없는 '공부하는 기계'만을 양산하고 있다는 점도 문제입니다. '똑똑한' 젊은 판사들이 간혹 국민 감정과 동떨어진 판결을 내놓는 것은 이런 부작용의 결과입니다.

하 교수는 한국 사회의 부동산 광풍 역시 교육 집착과 무관하지 않다고 분석한다. 과도한 교육열 탓에 부동산 시장의 가치가 학군에 의해 결정되고, 이로 인한 주거비 상승이 부모 재력에 따라 학력 격차가 벌어지는 부작용을 낳는다는 것이다. 그는 "점수로 대학교의 서열을 매기는 것과 학군으로 아파트를 줄 세우는 것은 동일한 작동 원리"라며 "자녀가 특목고나 자사고에 갈 실력이 안 되면 학군이라는 '환경'을 선물해서라도 경쟁에서 뒤처지지 않게 돕는다"고 말한다.

부모들이 한 3~4억 원 정도는 빚을 내서라도 '강남'에 갈 가치가 충분하다고 생각하는 거예요. 지금 대치동에 가면 중·고등학교 합쳐 6년만 버티자는 생각으로 온 사람도 많고, 지방에서 원정 온 사람도 많아요. 그리고 아이가 대학에 입학하면 침 뱉으며 떠나는 거죠. '드디어 끝났다'고 자위하면서요.

마침 《대치동》 역시 학벌주의와 부동산 신화가 만나는 접점을 포착한다. 입시 전문가가 쓴 이 책은 '대한민국 사교육 1번지' 대치동에 모여든 사람들이 학벌을 통한 '소득 뻥튀기' 부동산을 통한 '불로소득'으로 계급 상승을 꿈꾼다고 말한다. 대치동이 상징하는 '교육열'은 강남 부동산 폭등의 신화와 결합해 '자식 사랑'과 '기적의 재테크'를 실천하는 수단으로 자리매김했다. '조국 사태'는 별난 엘리트의 일

탈이 아니다. 대치동에서 '차별과 배제의 카르텔'을 형성한 고소득층 자녀들은 '스펙 품앗이'로 학벌이라는 상징 자본을 손쉽게 획득했고, 학원 운영진과 컨설턴트들은 수익 창출에만 혈안이 돼 자기소개서 대필 같은 불법을 부추겼다. 강남이 '능력주의로 포장된 학벌주의'를 고착화하는 것을 넘어 "평등한 교육이라는 이상을 파괴하고, 그 바깥 사람들에겐 상대적 박탈감을 자극하는" 동네가 된 것이다.

이런 대치동의 양방향 8차선 도곡로는 주말 저녁 9시 40분 무렵이 되면 '원정족' 부모와 강남 거주 부모의 차량으로 빼곡하게 채워진다. 불과 30분 전까지만 해도 한산하던 도로에 숨 막히는 교통 체증이 시작되는 것이다. 골목마다 자녀를 기다리는 차량과 자녀를 태우고 떠나려는 차량이 각자 이해관계 속에서 치열한 자리싸움을 벌인다.[2]

교육의 투자 가치에 대하여

그런데 문득 이런 의문도 든다. 학벌 중심의 한국 사회에서 '교육'이 그만한 가치가 있어 투자를 하고 때로는 불법과

---

2   《대치동》조장훈, 사계절

교육 집착의 문제는 이른 나이에 아이가
지쳐 버리는 것으로 끝나지 않는다.
'학벌 전쟁'이 되어 공정과 불공정에 대한 감각을 무너뜨린다.

탈법도 저지르는 것 아닌가. 누구보다 영악하고 계산 빠른 이들이 한국 부모들 아닌가. 과한 줄 알면서도 그렇게 교육에 집착하는 건 다 자식 잘되라고 하는 일 아닌가. 하 교수는 "그렇지 않다"고 했다. 과거와 달리 자녀 교육은 '가성비'가 크게 떨어지는 시대에 들어섰다는 것이다.

대학 졸업장만 따면 좋은 일자리와 사회적 지위가 보장되던 수십 년 전과 달리 지금은 '인풋' 대비 '아웃풋'이 형편없어요. 투자 가치가 높다면 '청년 실업'이니 'N포 세대'니 하는 말이 왜 생길까요. 생산적으로 사용돼야 할 시간과 에너지가 낭비되는 꼴입니다. 게다가 '가성비 떨어지는 투자'는 부모 세대의 노후마저 망가뜨려요. 젊은 세대의 절망감, 집값 폭등, 노후 빈곤 등 모든 사회 문제의 '핵심 고리'에 공부가 있습니다. 어디서부터 매듭을 풀어야 할지 알 수 없는 난맥 같은 상황입니다.

가성비가 떨어지는 상황에서도 '공부 중독'이 '해독'으로 나아갈 기미를 안 보이면서 한국은 '오버 퀄러파잉(자격 과잉)'의 사회가 되고 있다. 하 교수는 "오로지 공부만 하는 친구들이 급속도로 늘고 있다"며 "부유한 가정의 자녀뿐 아니라 보통의 중산층까지 공부를 한다는 이유만으로 모든 것이 용서되는 상황이 벌어지고 있다"고 말한다.

공부를 하고 있다는 건 아직 시험을 안 친 상태라는 의미입니다. 시험을 친다는 건 내가 어느 정도 능력이 있다는 것을 보여 주는 건데 이 친구들은 시험을 안 보고 오직 공부만 합니다. 몇 년 전에 서울대 인문대조차 10학기 이상 등록한 학생이 50퍼센트에 육박한다는 기사를 봤어요. '아직 준비가 안 됐다' '경쟁이 너무 심하다' 등등의 이유를 대며 타석에 서질 않는 겁니다. '공부 중'이라는 팻말만 든 채 사회로 나가지 않고 그냥 머물러서 나이만 먹어가는 거죠. 우리가 보통 '1인분'이라는 말을 많이 쓰는데, 지금은 '내가 1인분의 몫을 하고 있는 것 같아'라는 말을 할 수 있는 시점이 점점 늦어질 수밖에 없습니다. 이를테면 10년 전에 30세에 80퍼센트가 '1인분'이었다면 지금은 50퍼센트에 불과한 것이죠. 1인분이 되지 못한 것을 준비 부족으로 여기고 합리화하는 게 공부예요.

하 교수는 '나는 1인분이 못 된다'고 자각하는 심리들이 모여 '흙수저들의 헬조선'으로 이어진다고 말한다. "지나친 '고퀄'의 자격을 가진 청년들이 경쟁의 사다리에서 정점

만 바라보고 준비하다 밀리고 밀려서 한 칸씩 내려오다 보니 불만이 쌓인다"는 것이다. 그는 "준비만 많이 하고 정작 결과는 기대한 만큼 얻지 못하는 '오버 퀄러파잉'이 사회의 새로운 문제가 될 것"이라고 걱정한다.[3]

자신의 삶을 사는 부모

영화 〈신비한 영어나라〉와 〈아무도 모른다〉엔 양극단의 부모가 나온다. 〈너는 내 운명〉으로 알려진 박진표 감독이 만든 〈신비한 영어나라〉는 옴니버스 영화 〈여섯 개의 시선〉에 속한 단편이다. 이 단편엔 영어 발음을 유창하게 만들려고 아이의 혀를 수술시키는 부모가 등장한다. 카메라는 혀를 째고 봉합하는 수술 과정을 다큐멘터리적 시선으로 관찰한다. 15분짜리 단편 영화는 처음부터 끝까지 수술 장면만을 보여 줄 뿐 인물들의 일상에 대해선 어떤 단서도 제시하지 않는다. 그래도 관객들은 안다. 부모가 얼마나 아이 교육에 정신이 팔려 있는 사람인지를, 아이를 성공시키겠다는 집착 때문에 해서는 안 될 짓을 저지르는 사람인지를.

3   《대치동》조장훈, 사계절

정반대로 고레에다 히로카즈 감독의 〈아무도 모른다〉 속 엄마는 자신의 행복만 생각한다. 철없는 엄마는 아빠가 다른 사남매를 키우고 있는데, 장남이 언제쯤 학교 보내 줄 거냐고 묻자 이렇게 말한다. "그놈의 학교 안 가면 어떠니? 학교 안 다니는 훌륭한 위인이 얼마나 많은데." 그리고 좋아하는 남자가 생긴 엄마는 그와 동거하기 위해 집을 나간다. 장남에게 어린 동생들을 잘 부탁한다는 말을 남기고. 사려 깊은 감독은 엄마의 삶을 함부로 비난하지 않지만, 영화 후반부 아이들에게 닥친 비극을 마주한 우리는 어쩔 수 없이 생각한다. 엄마가 아이들 곁을 지켰더라면, 아이들을 위한 책임을 다했더라면, 이런 참혹한 일은 생기지 않았을 거라고 말이다.

아마도 한국 사회 대부분의 부모는 〈신비한 영어나라〉와 〈아무도 모른다〉 사이 어디쯤에 있을 것이다. 내 방식대로 아이의 미래를 재단하지도 말고, 그렇다고 부모의 손길이 필요한 아이를 방치하지도 않는 절묘한 '중간 지대'를 찾아야겠다는 생각이 드는 찰나 하 교수는 '51'이라는 숫자를 얘기했다. "부모가 최소한 '51'은 자기 삶을 돌보는 데 투자하고, 나머지 '49'를 자식을 위해 쏟는 에너지로 활용"하는 게 집착에서 벗어나는 길이라는 것이다.

(내 삶의 지분을) '아이=80퍼센트, 나=20퍼센트'이 아니라 자신이 '51퍼센트의 지분'으로 삶의 대주주가 되자는 겁니다. 지금 당장, 그리고 미래에 닥칠 노후에 '내 욕구를 충족시킬 준비가 되어 있는지'를 먼저 생각하고, 이후 형편에 따라 아이에게 최선을 다하겠다는 마음가짐이 필요합니다. 제도와 시스템을 '혁명적'으로 개선해도 '마음'이 바뀌지 않으면 변화는 일어나지 않으니까요.

출판 편집자 이영미가 쓴 《마녀엄마》에도 비슷한 얘기가 나온다. 《마녀엄마》는 아이를 통해 평범한 워킹맘에서 '진짜 엄마'가 된 여성의 성장기다. 그녀도 처음엔 누구보다 아이를 잘 키우고 싶어 안달복달했다. 하나뿐인 아들 교육에 '올인'하려고 수영, 스케이트, 태권도 같은 운동은 물론 피아노, 플루트 같은 악기도 안 빼놓고 가르쳤다. 부모가 둘 다 공부를 잘했으니 그 유전자를 물려받은 아들도 당연히 성적이 좋을 거라 믿었다. 그런데 웬걸. 아이는 학교 공부에 별 뜻이 없었고, 부모한테 얌전히 순종하는 타입도 아니었다.

그는 자신이 바라는 모습으로 아이를 키우려 고달픈 하루하루를 보내다 보니, 문득 정신과 체력이 바닥나고 있음을 깨달았다. 그리고는 아이한테 매달리는 것이 아니라 '엄마가 잘 사는' 모습이나 보여 주기로 결심했다. 아이를 향한 미안함과 죄책감은 제쳐 둔 채 일에 몰두했고, 철인 3종 경기를 완주하며 체력을 길렀다. '마녀'처럼 강인해진 엄마는 비로소 깨닫는다. 돌이켜 보니 자신은 엄마로 살게 되면서 더 나은 사람이 되었다는 것을. 내가 아이를 키운 줄 알았는데 아이가 나를 키운 셈이라는 것을. '부모가 잘 사는 모습을 보여 주면, 어느새 아이도 부모를 닮아 있다'는 그녀의 말대로 중요한 건 '부모가 늘 보살피고 염려하고 사랑한다'는 사실을 느끼게 해 주는 것이다. 보이지는 않아도 그런 커다란 울타리가 있다는 걸 자각하면서 아이들은 성장하니까.[4]

그럼 마음가짐을 바꿔 집착에서 벗어나려면 어떻게 해야 할까. 하 교수는 마음의 평정을 얻고 싶어 상담실을 찾아오는 이들에게 욕구need와 욕망desire을 구별하라는 조언을 던진다고 했다. 욕구는 기본적 의식주처럼 생명체로서 생존을 위해 필요한 것을 추구하는 감정이다. 반면 욕망은 '먹고살 만한' 생명체가 '이왕이면 더 좋은 걸 갖고 싶고, 더 잘됐으면 하는' 바람이다.

---

4   《마녀엄마》이영미, 남해의봄날

욕구와 욕망이 한 덩어리가 돼 있으면 욕망을 추구하다 실패할 경우 '0'이 되어 버린 듯한 두려움에 빠집니다. 하지만 욕망을 '플러스 알파'라고 생각하면 실패에 대한 공포를 극복할 수 있어요.

시시각각 빠르게 변화하는 현대 사회에서는 '장기적 계획'을 세우기보다 상황에 따라 '오픈 마인드'로 대응하는 습관을 갖는 것도 중요하다. 하 교수는 "흔히 바둑을 둘 때 '다섯 수 앞을 내다본다'는 말을 한다"며 "변하지 않는 환경에서 정해진 규칙대로만 진행되는 바둑이기 때문에 가능한 얘기"라고 설명했다.

불확실성이 높은 세상에서 구체적 계획을 세우는 건 위험한 '초이스'가 될 가능성이 큽니다. 큰 방향성만 정해 놓고, 멀지 않은 앞으로의 석 달 혹은 1년 정도의 시간 안에 어떤 노력을 기울일 수 있을지 생각하면 집착을 줄이는 데 도움이 됩니다.

이 말은 부모들에게 특히 유용한 조언으로 들렸다. 결국 부모들이 아이 공부에 죽어라 집착하는 건 직업에 귀천이 있다고 믿기 때문이며, 공부를 잘하면 남들이 선망하는 직

가장 사적인 마음의 탐색

업을 가질 수 있다고 믿기 때문이다. 하지만 빛의 속도로 변하는 세상에서 지금 각광받는 직업이 10년, 20년 후에도 마찬가지일 확률은 얼마나 될까. 오픈 마인드로 단기 계획을 차근차근 실천하는 게 원하는 목표에 가까워지는 방법인지 모른다.

하 교수는 집착을 이기는 행동의 리스트로는 가벼운 산책을 꼽았다. 그는 많은 사람이 '좋은 생각을 해라' '의지로 극복해라'는 조언을 건네지만 불가능한 일이라고 일축하며 하루에 수차례 명상으로 마음을 다스리는 스님들도 쉽지 않다고 말했다.

생각은 생각으로 이길 수 없습니다. 집착과 강박으로 힘들어지면 '몸'을 움직여야 합니다.

그는 또 틈날 때마다 가까운 공원에 가서 음악을 들으며 '30분' 정도 '빨리' 걸어 보라고 권한다. '좋아하는 음악'은 친숙한 감정으로 긴장을 풀어 주고, '속보速步'라는 목적 있는 걷기는 잡념에서 벗어날 수 있게 돕는다는 것이다.

음악과 함께 산책에 집중하면 어느 순간 '사유의 wandering(정처 없는 방랑)'이 일어납니다. 복잡한 생각이 '리셋'되며 앞날을 새로 기획하는 즐거운 통찰이 솟아나는 겁니다. 멀리 제주도까지 가서 '한 달 살기'를 하지 않아도 됩니다. 하루 30분의 '마이크로 브레이크'면 충분히 마음의 평정을 지킬 수 있습니다.

많은 얘기를 들었지만, 솔직히 아직 불안하고 두렵다. 한국처럼 남들 눈을 의식하고, 행복의 기준이 '내적 성취'가 아닌 '비교 우위'인 나라에서 아이도, 나도 분명 상처를 입는 시간들이 있을 것이다. 내가 그랬던 것처럼 '교육'이라는 이름으로 행해지는 수많은 억압에 아이가 멍드는 날도 있을 것이다.

그렇다 해도 지금 이 글을 쓰고 있는 순간을 기억하며 언젠가 닥칠 그 나날을 겪어 보려 한다. 딸을 아끼고 사랑하되 딸만 바라보느라 나를 내팽개치는 잘못은 저지르지 않으려 한다. 불안하고 두렵다는 말을 이렇게 바꿔야겠다. 불안하고 두렵긴 하지만, 한편으로는 딸과 함께할 날들이 가슴 떨리게 기다려진다고. 어서 딸이 학교에 들어가고, 친구를 사귀고, 뛰어놀고, 책을 읽으며 세상을 배웠으면 좋겠다. 그렇게 그녀가 무럭무럭 자라는 동안 나도 조금은 더 괜찮은 사람으로 성장하겠지.

함께 보면 좋은 책과 영화

이보다 더 좋을 순 없다 제임스 L. 브룩스 감독 | 잭 니콜슨 주연

소설가 멜빈은 세상과 거리를 둔 채 자신만의 규칙 안에서 살아갑니다. 귀가 후엔 문고리를 아래위로 다섯 번이나 돌려 확인하고, 길을 걸을 땐 보도블록의 경계선을 절대 밟지 않지요. 이런 집착과 강박증으로 본인만 '피곤'해지는 게 아닙니다. 주변 사람들 역시 불안을 감추려는 멜빈의 거친 말과 행동 때문에 마음을 다칩니다. 자기중심적 울타리에 갇혀 있던 멜빈은 캐롤이라는 여성을 만나 세상과 '화해' 하는 법을 배웁니다. 생각과 취향이 다른 이들이 모여 사는 세상에서 '타인의 선한 자극'만큼 '나의 좁은 세계'를 열어 주는 건 없습니다. 하지현 교수의 말처럼, 강박에서 벗어나 느긋하고 따뜻한 여유를 얻는 데 '이보다 더 좋을 순 없는' 영화입니다.

공부 중독 하지현·엄기호 지음 | 위고

하지현 교수와 사회학자 엄기호의 대담을 엮었습니다. 두 사람은 '공부'라는 블랙홀이 대한민국을 어떻게 잠식하고 있는지 분석하고 해답을 제시합니다. '공부 중독'에서 '공부 해독'으로 나아가려면 단순한 교육 시스템 개선만으로는 역부족이라는 게 이들의 생각이다. 국민 모두가 '올인'하는 게임이 되어버린 공부를 구제해 원래 자리에 되돌려 놓고, 공부를 통한 성공 신화는 고도 성장기에나 가능했던 판타지임을 인식해야 비로소 변화가 시작될 수 있다는 것이지요.

요즘 애들 앤 헬렌 피터슨 지음 | 박다솜 옮김 | 알에이치코리아

미국 칼럼니스트 앤 헬렌 피터슨이 밀레니얼 세대의 불안과 탈진에 주목했습니다. 그는 부모의 과잉보호 속에 '집중 양육'을 받고 자란 밀레니얼들이 어떻게 현대사에서 처음으로 부모보다 가난하게 살 것이 확실해진 세대가 됐는지 추적합니다. 베이비부머가 '가장 좋은 마음으로 키워 낸 꿈'이었던 밀레니얼은 왜 '제일 끔찍한 악몽'이 되었을까요. 피터슨은 말합니다. 밀레니얼을 망가뜨린 건 '우리의 게으름'이 아닌 '체제'라고. 밀레니얼의 위기는 '필패하도록 설계된 전투'에서 비롯된 것이라고.

가장 사적인 마음의 탐색

3장

행복

이토록 개인적이고 사적인 순간

삶의 당연한 요소인 '그늘'을 제거하려는 불가능한 시도를 하는데,
그게 결국 행복에 대한 강박으로 연결됩니다.
그런 방식으로는 결코 행복에 이르지 못하는데 말이죠.

어둠을 받아들여야,
진정한 행복이 시작됩니다

정신과 전문의 김건종의 행복 탐색

박동미

세상이 온통 '행복'을 말한다. SNS 타임라인을 쓱 훑다 보면 해시태그를 달고 난무하는 행복의 이미지가 꼬리에 꼬리를 물고 연이어 올라온다. '지겹다'는 마음이 들면서도 한편으로는 부럽다. 나도 그 해시태그를 달고 싶은 것이다. 그런데 그 열망이 강할수록 어쩐지 내 행복은 자꾸 멀어지는 것 같다. 행복한 표정과 행복한 장소들이 여기저기 전시되는 걸 보면 타인의 행복은 쉬워만 보인다. 이렇게 행복이 넘쳐나는 시대에 나는, 아니 왜 나만, 불행한 걸까.

도대체 행복이 뭘까. 어떻게 해야 제대로 행복해질 수 있을까. 행복이 철학의 큰 화두였던 때로 잠시 거슬러 올라가 보자. 아리스토텔레스의 최고선과 최대선이 행복일까. 스피노자의 '절대자(신)에 대한 사랑'이 행복일까. 그것은 지금, 여기의 행복을 설명하기엔 너무 높고, 너무 멀리 있다. 비교적 가깝게는 칸트가, 쇼펜하우어가, 그리고 니체가 행복을 깊이 있게 논한 바 있다. 하지만 이제 행복은 사유의 대상이 아니다. 행복은 지극히 일상의 차원에서만 존재하고 있으며 오로지 추구해야 하고 증명해야 할 대상이 되었다. 다시 말해 '행복이란 무엇인가?'라는 물음에 대한 답은 각자의 몫이 되었으며[1] 그 속에서 현대인들은 진정한 행복이 아니라, 그저 그런 행복에 '중독'된 채로 살아간다. 철학자 마크 롤랜즈Mark Rowlands에 따르면 이 행복 중독자들은 실질적인 도움도 안 되고 그다지 중요하지도 않은 것을 끊임없이 갈망한다. 행복이 무엇인지 잘 모르기 때문이다.[2]

행복에 가까워지려면, 우선 이 행복 중독에서 벗어나야 한다. 그리고 행복 중독에서 벗어나기 위해서는 무엇보다도 행복의 본질이 무엇인지 바로 알아야 한다. 우리 삶과 행복에 그다지 중요하지도 않은 것들을 더는 갈망하지 않기

---

1   《행복 철학》이충진, 이학사
2   《철학자와 늑대》마크 롤랜즈, 추수밭

위해서이다. 이 행복의 본질에 관한 난해하고도 순전한 고민을 안고, 김건종 정신과 전문의를 만났다.

행복을 왜 과시하는가

김건종 선생을 알게 된 건 두 권의 책 때문이다. 하나는《마음의 여섯 얼굴》로 우울, 불안, 분노, 중독, 광기 등 인간이라면 겪게 되는 이 불편한 감정들이 '사랑'이라는 충만한 상태를 위해 존재한다고 설파하는 책이다. 나는 이 '사랑'을 '행복'이란 말로 바꿀 수 있다고 생각했다. 다른 하나는 《우연한 아름다움》이다. 이 책은 삶의 아름다움이란 만드는 것이 아니라 일상에서 '만나지는' 것이라고 말한다. 나는 이 '아름다움'도 '행복'이라 할 만한 어떤 순간을 의미한다고 느꼈다. 덧붙여 두 권의 책 모두 깊은 사유와 통찰, 사려 깊은 위로를 품고 있기에, 책에서 만난 김 선생이라면 '지금, 여기'의 행복에 대해 물을 수 있는 최적의 인물이라는 확신이 들었다. 우린 왜 행복 해시태그를 달면서도 행복을 모르고, 심지어 행복하다고 말하는 순간에도 그다지 행복하지 않은 걸까. 왜 자꾸 타인의 행복을 좇으며 스스로 행복을 강요하고 있을까. 인스타그램을 열고 해시태그 검색

을 시작했다. '#행복'은 약 1300만 개가 나왔다. '#행복해'
는 233만 개, '#행복하자'는 128만 개였다. #행복한순간, #
행복한여행, #행복한시간, #행복스타그램, #행복한, #행복
한하루 등등 차고 흘러넘쳤다. 김건종 선생에게 이를 어떻
게 보고 있느냐고 물었다.

사실 그건 아주 자연스러운 행위로 볼 수 있어요. 인간이 '좋
은 상태'라고 할 만한 것, 그러니까 괴롭지 않고 평온하고 만
족스러운 상태를 추구하는 건 본능이죠. 사람에 따라 그 의미
는 미묘하게 다르겠지만, 그런 상태를 대체로 우리가 '행복'
이라 규정하고, '행복하다'고 말하고, 또 그렇게 되고자 하는
것이죠.

김 선생은 인간의 행복 추구를 '본능'이라고 했다. 그러
나 김 선생이 말한 '좋은 상태'라는 것이 과연 사진 몇 장
과 해시태그로 묶어 둘 수 있는 성질의 것인가. 우리가 정
말 행복하다면, 굳이 행복하다고 말하지 않으며, 행복을 애
써 생각하지 않으며, 그 상태를 누리는 게 자연스러운 일 아
닐까. 독일의 프랑크푸르트학파 철학자 테오도르 아도르노
Theodor Wiesengrund Adorno에 따르면 사람은 행복을 가지는 것

가장 사적인 마음의 탐색

이 아니라, 그 행복 안에 존재한다. 즉 행복한 사람은 행복에 '둘러싸여 있는 상태'이기 때문에 '나는 행복하다'는 말은 거짓말이 되는 셈이다.[3] 우리는 왜 이렇게 일상적인 순간에도 의미를 부여하며 행복을 증명하려고 할까. 김 선생은 그만큼 사는 게 힘들기 때문이라고 추측했다. 행복하지 않기 때문에 오히려 행복을 드러낸다는 것이다.

삶이 불안하고 두렵고 마음대로 잘 안 되니까 반대급부로 행복에 대한 생각들이 늘어나는 거 아닐까요. 그래서 강박이라 부를 정도로 자꾸 행복을 의식하고, 일상의 모든 순간에 의미를 부여하게 된 거죠. 이것도 엄밀히 우리 마음의 '본능'이에요. 무거워지면 가벼워지고 싶고, 어두워지면 밝은 면을 찾게 되는 자연스러운 반작용이죠. 즉 균형을 찾으려는 노력의 일부입니다.

그러나 김 선생은 이 노력이 다른 한편으로 회피의 한 방식인 것 같다며 우려했다. 정신분석 용어로는 '조적 방어'다. 즉 우울하고 괴로울 때 그 상황과 마음을 마주 보려 하

3   《미니마 모랄리아》 테오도르 아도르노, 길

지 않으면서 '난 괜찮아, 난 기뻐, 난 좋아' 하며 덮어 버리는 것이다. 이 현상이 지금 우리의 상태다. 살면서 자연스럽게 생겨나는 괴로운 느낌이나 어두운 감정들을, 삶의 일부분으로 받아들이지 못하고, 행복을 앞세워 밀어내고 있는 것이다. 그러니 진짜 행복을 들여다볼 틈이 없다.

사람들 사이에 행복에 대한 감각들이 조금씩 미묘하게 꼬여 있는 상태 같아요. 한쪽에선 '난 행복해, 내가 행복하다는 걸 알아 줘' 하고 있고, 다른 한쪽에선 '아 저 사람은 행복하네, 저 삶은 만족스러운가 보다' 하고 있죠. 어느 쪽이든 행복과는 먼 행동이에요. 서로가 서로의 행복을 부러워만 하다가 자신의 행복이 뭔지 고민해 보거나, 자신만의 삶의 의미를 그려 보는 일이 점점 더 어려워지는, 그런 형국이 된 거죠.

김건종 선생은 '행복'을 주제로 한 이 대화에 흔쾌히 응했지만 사전 질문지에 답변을 할 때, 또 실제로 대화를 할 때도 매우 조심스러운 태도를 보였다. 그는 자신이 권위자이자 전문가로 소환된 자리가 어색하다면서 '정신과 의사도 행복이 어렵다'고 강변했다.

가장 사적인 마음의 탐색

우리가 피상적으로 행복이란 단어를 쓰고, 행복을 추구한다고, 행복을 찾고 있다고 자주 말하지만 '그래서 진짜 행복이 뭐야?'라고 질문하면 쉽게 대답할 사람이 아무도 없을 거예요. 칸트도 행복은 규정할 수 없는 개념이라 했고요. 정신과 의사도 사실 행복을 잘 몰라요. 사람들을 행복하게 만들어 줄 수도 없고요.

소소한 대화와 식사의 시간

고대 그리스의 아리스토텔레스나 17세기 스피노자까지 올라가지 않더라도 근대 철학 이전까지, 행복은 철학에서 중요하게 다뤄지는 주제였다. 널리 알려진 격언도 많다. 하지만 이 말들은 오늘날, 활발하게 해시태그를 다는 21세기 행복 중독자들에겐 큰 감명을 주지는 못한다. 예컨대 염세주의자이면서 행복에 관한 명언을 가장 많이 남긴 인물 중 하나인 쇼펜하우어를 보자. 그는 '참된 행복은 우리 자신 속에 있는 것이지 곁에 있는 재물이 아니다'고 말했다. 너무나 정직한 진리이지만, 이 정언正言에 자신이 추구해 온 행복과 삶을 돌아볼 현대인은 거의 없을 것이다.

김 선생은 자신이 정신과 의사로서 행복을 단언하거나

규정할 수 없고, 또 그것이 정신과 의사의 역할도 아니라고 강조했다. 그렇다면 그저 한 사람으로서는 어떤지 물었다. 그만의 '행복'의 그림이 있지 않을까. 우리는 행복을 잘 모르면서도 본능적으로 그것에 가까운 상태에 도달하길 원한다. 나아가 무의식적으로 '행복하다' 말하며 사는 존재들 아닌가. 김 선생이 가장 최근에 맞이한 행복한 순간은 언제였을까. 그는 나와 대화를 나누는 인터뷰 바로 전날이었다고 대답했다. 오랜 친구와 맛있는 평양냉면 한 그릇을 후딱 해치운 직후에 행복감을 느꼈다는 것이다.

제가 평양냉면을 굉장히 좋아해요. 서울에 오면 1년에 한 번 정도는 고등학교 동창을 만나 평양냉면을 먹습니다. 어제가 바로 그런 날이었고요. 좋아하는 사람을 만나, 좋아하는 음식을 먹으니 '아, 행복하다'는 말이 절로 나오더라고요.

사람과 음식, 이는 실제로 진화론 쪽에서 말하는 행복의 핵심이기도 하다. '행복 심리학자'로 꼽히는 서은국 연세대 교수는 《행복의 기원》에서 행복은 구체적인 경험이라고 말하며 먹는 것과 대화하는 것을 강조한다. 책에 따르면 행복도 진화의 부산물이며 생존과 번식을 위해 필요한 음식과

가장 사적인 마음의 탐색

사람이 행복에도 필수 요소다. 한국인의 일상을 조사한 연구에서도 '먹을 때'와 '대화할 때'가 하루 동안 가장 즐거움을 느끼는 두 가지 행위로 나타났다고 한다. 그러면서 행복의 핵심을 한 장의 사진에 담는다면 '좋아하는 사람과 함께 음식을 먹는 장면'일 거라고 했다. 오랜 친구와 만나 평양냉면을 후루룩 삼키는 김건종 선생의 모습이 떠오른다.

김 선생의 경우 행복의 순간을 의식적으로 특정해 본 적도 없고 굳이 행복을 다짐하지도 않는다. 다만 '행복'이란 말을 읊조리면 고요함, 충만, 느긋함 등이 떠오른다고 했다. 또한 홀로 조용히 음악을 들을 때, 두 아들과 뛰어다니며 몸으로 놀아 줄 때, 그리고 맛있는 냉면 한 그릇을 뚝딱 비웠을 때가 생각난다고 말했다. 이것은 다른 사람이 그를 어떻게 보는지와는 전혀 상관이 없다. 타인이 그를 규정할 때 흔히 나열되는 요소들, 즉 어떤 사회적 성취나 경제력과는 별개의 것이다. 김 선생은 '이런 일상적인 순간들'이 자신에게는 행복이라 부를 만한 것 중 하나라고 했다. 그러면서도 '나에게 이게 행복이니까, 당신들도 이걸 따라야 해'라고는 말할 수는 없다며 행복은 아주 개인적이고, 지극히 사적인 것이라고 강조했다. 그러니까 '#행복'은 어떤 이에겐 몇 달을 기다려서 겨우 구매할 수 있는 럭셔리 브랜드 가방이고,

또 어떤 이에겐 겨울 아침 홀로 마시는 뜨거운 커피 한 잔이다. 그게 무슨 행복이냐고 의심할 수 있고, 그게 어째서 행복이 아니냐고 반문할 수도 있다. 하지만 이토록 개인적이고 사적인 행복을 두고, 우리가 확실하게 말할 수 있는 건, 이것뿐인지도 모른다.

우린 자꾸 '보편적인 행복'이 있을 거라 믿어요. 그래서 '다른 사람은 어떻게 생각하지?' '권위자는 뭐라고 말했지?' '그들 얘기가 옳은 거겠지?' 하게 되고, 결국 괴리가 생기는 것이죠. 솔직히 이게 정말 우리 사회의 큰 문제 중 하나라고 생각해요. 권위자나 전문가의 말을, 타인이 규정하는 행복이나 타인이 중요하다고 여기는 가치를 무비판적으로 수용하는 것 말이에요. 행복은 내 자리에서 찾는 것이니까, 내 자신에게 먼저 질문할 수 있어야 해요.

순전히 사적인 즐거움

'나는 언제 행복하지? 나는 언제가 제일 좋지?' 하며 스스로 묻는 일은 생각보다 쉽지 않다. 타인을 향한 시선을 자신의 내면에 그대로 적용하는 일 자체가 힘이 들고 어려울

가장 사적인 마음의 탐색

뿐더러 차마 이 질문을 던질 여력이 없을 정도로 현실에 치이고 있기 때문이다. 우리는 너무 많은 감정의 폭격 속에 매일 고군분투하고 있다. 누구나 우울과 불안, 분노, 중독, 광기 등을 조금씩은 경험한다. 세상에 태어난 그날부터 우리는 우울과 싸우고, 불안과 분노를 다독이고, 중독에서 벗어나려 하며, 광기를 잠재우느라 바쁘다. 김 선생은 이 무거운 마음의 형태들을 입속 박테리아에 비유한다.

우리 입안에는 열 종이 넘는 박테리아가 있다. 이를 상재균이라 한다. 더럽게 느껴질지 모르지만 사실 이 균들은 더 강한 병균들이 침입하는 것을 억제하는 역할을 한다. 우리 몸을 깨끗이 한답시고 이 상재균을 없애 버리면, 얼마 가지 않아 우리는 치명적 감염 때문에 죽을 것이다.

《마음의 여섯 얼굴》, 김건종

많은 이들이 분리할 수 없고, 분리해선 안 되는 상재균과 같은 감정을 없애면 없앨수록 '좋은 상태'에 이를 수 있다고 믿는다. 불가능할 정도로 헛된 것을 갈망하며 삶을 더 힘들고 위태롭게 한다. 일례로 정유정의 소설《완전한 행복》은 잘못 설정된 행복이 얼마나 큰 비극을 초래하는지 그리고 있는데, 소설의 주인공 유라는 완전무결한 행복을 꿈꾸는 나르시시스트로, 자신과 주변의 사람들을 파멸로 몰아간다. 우리 대부분은 나르시시스트나, 자기애성 성격 장애의 범주 밖에 있지만 불편한 감정으로부터 벗어나는 것을 행복의 방법으로 이해하고 있다는 점에서 이 나르시시스트적 사고관에 가깝다.

김 선생은 불편한 감정에서 벗어나는 것을 행복으로 인식하는 것에 '한국적'인 측면, 즉 과도한 '긍정성'이나 '정신력'이 일부 작용했다고 분석한다. 한국 사회는 긍정적이고 낙천적이며 외향적인 가치들을 중시하고 긍정적인 사람이 되면 모든 게 해결될 거라는 막연한 믿음도 팽배하다. 그러다 보니 상재균처럼 우리의 삶 속에 존재해야 할 다양한 마음을 끌어안고, 인정하며 깊게 고민할 여유가 없다. 김 선생은 특히, 지금도 여전히 위상을 떨치고 있는, 정체불명의 개념인 '정신력'이 우리를 자꾸 무모하게 만든다고 지적했다.

'너는 정신력이 약해서 그래' 혹은 '너는 의지가 약해서 그래'라는 식으로 아주 간단하게 어두운 감정들을 부정해 버리는 문화가 아직 남아 있잖아요. 그래서 사람들은 삶의 당연한 요소인 '그늘'을 제거하려는 불가능한 시도를 하고, 그게 결국

가장 사적인 마음의 탐색

행복에 대한 강박으로 연결되고요. 그런 방식으로는 결코 행복에 이르지 못하는데 말이죠.

불편한 어두움을 마주할 것

우리 안에 생기는 불편하고 어두운 것을 마주하지 않으려는 현상은 SNS 세상에서 가장 두드러진다. '좋아요'로 작동되는 그곳은 24시간 불이 꺼지지 않는 화려한 도시다. 어둡고 초라한 것들은 밀려나는 타임라인에서, 사람들은 서로 경쟁하듯 '행복'을 증명하려 애쓴다. 이것은 이미 많은 학자들이 감지하고 우려해 온 시대적 징후다. 재독 철학자 한병철은 우리 사회가 '좋음'의 광기에 빠져 있으며 우린 지금 모든 부정성의 형식을 떨쳐 내고자 하는 긍정성의 사회에서 살고 있다고 진단한다. 그러한 사회에서 '고통'이란 부정성 그 자체이기 때문에 인정될 수 없는 것이다.[4]

'좋아요'는 우리 시대의 징표이자 진통제다. '좋아요'는 소셜 미디어뿐만 아니라 문화의 모든 영역을 지배한다. 어떤 것도

---

4   《고통 없는 사회》한병철, 김영사

고통을 주어서는 안 된다. 예술만이 아니라 삶 자체가 인스타
그램에 적합해야 한다. 다시 말해 고통을 줄 수 있는 모서리
나 귀퉁이, 갈등이나 모순이 없어야 한다.

《고통 없는 사회》, 한병철

김건종 선생도 SNS가 우리를 행복에서 멀어지게 하는
원인 중 하나라고 지적했다. 몰라도 될 것을 알려 주고, 안
봐도 될 것을 보여 주며 현대인의 박탈감을 가중시키는 것
이다. SNS가 만들어 내는 '보통' '평범' '정상'이라 할 만한
풍경들은 과도하게 왜곡돼 있다. 일례로 인스타그램에 맞
춰 진화한 몸과 얼굴들은 어떤가. 어느새 표준처럼 느껴진
다. 그리고 우리 대부분은 '표준'이 아니다.

100년 전만 해도 대부분의 사람들은 배우 김태희나 정우성처
럼 '비정상적'으로 예쁘고 잘생긴 사람을 평생 본 적이 없었
죠. 미에 대한 기준도 훨씬 더 일상적이었고요. 그런데 지금
은 TV만 틀어도, SNS를 열어도 그런 사람들 천지잖아요. 일
종의 '현대적인 박탈감'이 생겨난 거죠. 김태희 같은 얼굴은
몇 가지 아름다움의 진화적인 기준이 극단적으로 충족된 얼
굴이고, 이건 사실 만 명 혹은 백만 명 중에 한 명 겨우 나오

가장 사적인 마음의 탐색

는, 영 점 몇몇 퍼센트에 해당해요. 그런데 우리는 그런 얼굴을 매일 보니까, 아름다움이 저런 거라고 인식하게 됐죠. 그리고 나만 가지지 못했다는 감각, 나만 부족하다는 느낌이 드는 거죠.

왜 박탈감을 느끼는가

이 현대적인 박탈감에 이미 너무 많은 사람들이 노출되어 있다. 대부분의 사람들이 비슷한 상태에 처해 있기에, 김 선생은 딱히 이것을 '병리'라고 말할 수도 없을 정도라고 했다. 더 큰 문제는 이제 와서 우리가 SNS를 완전히 닫거나 TV를 끄고 살 수도 없는 시대의 한복판에 있다는 점이다. 삶의 일부로서 이것을 감당해야 하는 과제가 주어진 것이다. 세상은 변했고, 우리의 삶도 바뀌었고, 우리를 괴롭게 하는 원인과 형태, 그리고 그것을 지각하는 방식까지 함께 변했다는 걸, 가장 단적으로 보여 주는 게 SNS인 것이다.

SNS를 통해 '나'를 보여 주는 방식들이 늘었잖아요. 어떤 이들은 그걸 통해 자신의 미묘한 공허감이나 삶에서 오는 불안들을 해소하기도 하죠. 그런 차원에서, 사람들이 삶의 의미를 찾는 방법 자체가 바뀌었다고 할 수 있고요. 그 속에서 또 새로운 병리적인 측면들이 나타나는 거고요.

그는 또한 우리의 행복에 대한 감각들이 미묘하게 꼬여 있고, 또 그래서 진짜 행복이 무엇인지 사유하기 점점 어려워지는 이유 중 하나로 현대인의 생활 방식 그 자체를 꼽았다. 외적인 삶, 그러니까 현대 사회가 요구하는 '정상인'에 부합하기 위해 노력하다 보면, 내적인 삶이 줄어들고, 그로 인해 자기 행복을 찾는 길을 잘 볼 수 없게 된다는 것이다. 이를 미국의 정신분석학자 크리스토퍼 볼라스Christopher Bollas의 '정상 증후군'이란 개념을 들어 설명했는데, 현시대의 많은 이들의 삶이 이와 부합한다.

'증후군'이라는 말은 흔히 병리적 증상들의 집합에 붙이는데, 볼라스는 어느 순간 정상조차 증후군이 되어 버릴 수 있다는 점을 포착했고, 이를 '정상 증후군'이라 불렀다. 예컨대 자신의 사회적 삶의 기준을 타인의 시선에만 맞추는 것이다. 즉 남이 보기에 내가 얼마나 성취했는지, 얼마나 가졌는지 등에 맞추다 보면, 내면이 점점 시들고, 그러면서 '나'의 존재가 결국 다른 사람이 보는 나, 현대 사회가 원하는 '정상'의 모습, 외적인 삶을 부풀린 '나'가 되는 것이다.

이런 삶을 김 선생은 이렇게 묘사한다.

> 지나친 정상이 비정상이 되는 순간. 삶에서 그늘이 사라지면서, 삶 자체의 질감과 두께가 사라지는 지경. 이 지경에 도달한 사람들을 우리는 멀리서 부러워한다. (…) 병리가 깊어지면 고통과 만나는데, 너무 정상적이어도 정상이 아니다.
>
> 《마음의 여섯 얼굴》, 김건종

우리는 보통 아침에 눈을 뜨면 집에서 가족들과 짧은 일상을 보낸 뒤, 바로 집 밖으로 나가서 사회적인 존재로 살다가 다시 집에 돌아온다. 그 후엔 잠이 들고, 혼자 꿈을 꾸고 다시 깨어난다. 김 선생이 볼 때 이 과정에서 가장 중요한 것은 '외적인 삶과 내적인 삶의 교대와 균형'이다. 밖에서는 어떤 평가를 받았는지, 얼마나 돈을 벌었는지 등 사회적 존재를 중요하게 여기지만, 그런 나를 잠시 떼어 낸 후 내가 꾸는 꿈, 경험하는 감정에 귀를 기울이는 내적 존재의 삶이 필요하다는 것이다. 그 체험 없이 우리는, 우리가 '좋은 상태' 즉 행복이라 부를 만한 삶에 가까워지기 어렵다.

많은 사람들이 외적 존재와 내적 존재의 균형이 무너진 삶

어둡고 초라한 것들은 밀려나는 타임라인에서,
사람들은 서로 경쟁하듯 '행복' 을 증명하려 애쓴다.

을 살고 있어요. 행복은 사적이고 개인적인 것인데, 그렇다면 (행복해지기 위해서는) 자기 마음을 들여다봐야 하는데, 내적 체험이 위축된 현대인에게 그럴 여유란 없죠. 결국 우리는 점점 내적인 삶을 살아갈 능력 자체를 잃어버린 채 살아가고 있는 것이죠.

이삽십대엔 성취감에 가득 찬 시절을 보냈지만, 사오십대에 들어와 (외적으론 아무 문제가 없어 보이는데) 갑자기 공허함을 토로하거나, 우울해하거나, 심한 경우 공황장애를 겪는 사람들이 종종 있다. 그것은 이미 내적 공간이 좁아져서 좌절이나 불안, 두려움 등의 감정을 잘 처리하지 못하기 때문이다. 그러다 보면 감정이 어느 순간 흘러넘친다. 그 감정의 바다가 자기 안으로 흘러넘치면 '우울'이 되고, 밖으로 흘러넘치면 일종의 성격 장애처럼 보이게 된다. 집에서는 배우자와 싸우고 직장에선 아랫사람들을 괴롭히며, 술을 마시고 화를 낸다. 전자든 후자든, 우리 주변에서 자주 보고 듣고, (또 스스로) 겪는 일들이다.

어느 쪽이든, 이것은 소위 현대 사회가 원하는, 사회적으로 정상적인 삶에 몰입하다가 생겨날 수 있는 결과물이에요. 저

가장 사적인 마음의 탐색

는 이게 특히나 지금의 한국 사회, 우리의 모습과 잘 맞아떨어지는 증상이고, 풍경인 것 같아요.

우선 자기 자신과 친해질 것

행복엔 명확한 규정도 정의도 없고, 우리는 행복이 무엇인지 찬찬히 들여다볼 기회를 얻기 힘든 시대를 산다. 아니, 시대는 우리를 점점 불행하게 만드는 것만 같다. 그렇다면, 행복에 이르는 길은 어떻게 해서 찾을 수 있을까. 외적인 삶과 내적인 삶의 조화는 어떻게 해야 이룰 수 있고, 우리를 수시로 작아지게 만드는 박탈감은 무슨 수로 이겨 내는가. '좋음'의 광기에 빠지지 않고, 막연한 긍정성과 정신력 따위에 현혹되지 않고, 불편하고 어두운 감정들을 인정하는 방법이 있을까. 김 선생의 말대로, 지극히 개인적이고 사적인, 그리고 구체적인 경험인 '행복'을, '나'에게서 찾을 수 있을까.

김 선생은 '우선 자신과 친해져야 한다'고 강조했다. 나에게 묻기 위해서다. 누군가 "너는 이럴 때 정말 좋아 보여"라던가 "넌 이런 점이 정말 멋져"라고 말해 줄 수는 있지만, 이것이 진정으로 내가 '좋은' 내가 '멋진' 순간과는 상관이 없을 수 있다. 우리는 우리 자신을, 우리 자신이 가장 행복한 때를 타인의 말에선 결코 찾을 수 없다.

내가 나랑 친해야 해요. 내가 나랑 함께 잘 있는 방법을 찾아야 해요. 그게 꼭 타인과 함께 있으면 안 된다는 건 아니에요. 내가 나랑 잘 있는 것이 타인과 함께 있는 것과 서로 배타적인 건 아니니까요. 행복해 보이는 것, 누군가 '행복하다'며 여기저기 써 놓은 말이나 올려 놓은 사진 등을 넘어서서 '진짜 나는 뭐가 좋지?'라고 묻는 순간들이 행복이 뭔지 찾는 여정에서 가장 의미가 있을 것 같아요.

우리는 여기에서 한 번 더 '행복한 SNS 세상'을 의심할 충분한 근거를 얻는다. 그러니까 행복은 '나는 행복해'(그게 진짜인지와는 관계없이)라고 말할 수 있어도 '너는 행복해'는 성립하지 않는다. 하지만 SNS가 발신하는 '좋아요'는 타인으로부터 듣는 '너는 행복해'이기에 게시물에 붙는 행복의 해시태그는 우리가 추구할 행복일 수 없다.

저도 페이스북을 하고 있고, 제 글에 누가 '좋아요'를 눌러 주면 좋아요. 또 '좋아요'가 많은 걸 볼 때도 좋은 느낌이 있어요. 하지만 그것과 내가 진짜로 행복한 거랑은 다른 거 같거든요. 지금 시대엔 그렇게 무수히 많이 생겨나는 느낌이나 기분을 구분하는 일도 자신의 행복을 사유하는 데 아주 중요한 훈련일 수 있다고 생각해요.

김 선생은 이러한 구분과 사유의 훈련이 개인의 마음에도 유익할 뿐만 아니라, 사회 전반에 나타나고 있는 과시적이고 자기애적인 현상들을 넘어설 수 있는 길이 되어 줄 거라고 덧붙였다.

자연스러운 괴로움이 있다

코로나19 이후 일상의 많은 것들이 바뀌었다. 이것은 우리의 마음과 정신에 어떤 영향을 끼쳤을까. 진료실 풍경이 궁금해졌다. 한국은 2020년 OECD 국가 중 우울증 유병률 통계에서 1위(36.8퍼센트)를 차지했다. 10명 중 4명이 마음의 병을 앓고 있다. 김 선생은 최근 들어 환자가 늘어난 건 사실이지만, 반드시 코로나 때문만은 아니라고 강조하며 정신과 진료에 대한 문턱이 낮아지고, 인식이 바뀐 것을 주요 원인으로 꼽았다. 나아가 과거에 비해 상대적으로 가벼운 고민을 들고 오는 환자들이 늘어난 것이 새로운 경향이라면 경향이라고 덧붙였다. 그중 하나가 일종의 이별 후유증으로, 요즘엔 연애에 실패한 후 상담을 오는 경우도 늘었다. 김 선생은 "삶에서 오는 자연스러운 괴로움을 견뎌내지 못하는 등 어두운 감정 자체를 불편해하는 사람들이 늘어난 것 같다"고 했다. 이 경우 환자들에게 이 어둠을 받아들여야 진정한 행복을 찾는 여정이 시작된다고 늘 이야기한다.

창밖을 한번 보세요. 햇빛이 쨍한 날도, 꼭 그만큼의 그늘이 어딘가에 생겨요. 삶도 그런 거죠. 밝음과 어둠의 조화. 거기서 어두운 감정을 다 몰아내고 싶다면서, 하얗게 표백시켜 버리면, 덜 아플 수 있을지는 몰라도 그건 삶이 아니에요. 행복은 상태이고, 과정이에요. 괴롭고 힘든 순간에서 느긋하고 평안한 순간으로 옮겨 가는 것과 같은 거죠. 그렇다면 그늘과 어둠, 즉 아프고 괴로운 순간이 반드시 필요합니다.

그는 환자들에게 위와 같은 말을 자주 전한다. 어둠을 부정하지 않은 채 지나친 긍정주의에도 빠지지 않은 이 담담한 말은 정신분석가 도널드 위니코트Donald Winnicott를 참조했다. "질병이 없는 상태가 건강일지는 몰라도 그것이 삶은 아니다." 김 선생은 이 말을 무척 좋아한다고 했다. 그리고 삶과 행복에 관한 이야기를 나눠야 할 때 종종 인용한다.

밝음만 있는 인생에 대한 의심과 우려는 늘 존재했다. 이런 과격만 문장은 어떤가. "오로지 행복하기만 한 평생이라니! 그런 걸 견딜 수 있는 사람은 없다. 그런 삶은 지상에서 경험하는 지옥이다." 조지 버나드 쇼George Bernard Shaw의 희곡 〈인간과 초인〉에 나오는 대사다. '삶이 아닌' 정도가 아니라 '삶이 지옥'이라고 비유한 기개가 옅은 어둠도 견디지 못하겠다는 지금 우리의 모습과 대조된다.

햇빛과 그늘의 조화

행복이 정확하게 무엇인지는 여전히(아마도 끝까지) 막연하지만, 이를 위해 나를 안다는 것, 나와 친해진다는 것, 내가 무얼 좋아하는지 깨닫는 일이 선행되어야 한다면, 그건 어떻게 가능할까. 또 햇빛과 그늘의 조화가 인생임을, 삶에는 자연스럽게 생겨나는 어둠이 있다는 걸 인정하는 일이 필수라면, 이를 수월하게 수행할 방법은 없을까.

제게 그것은 사람이었던 것 같아요.

김 선생의 답이다. 다독가로 소문난 김 선생은 아버지가 돌아가신 중학교 때부터 책을 많이 읽었다. 고등학생 땐 《장자》를 읽고 충격을 받았다. 이것은 그가 현재 도시를 떠나 자연을 가까이하며 '시골 의사'로 살아가는 데에도 영향을 줬다. 대학 시절엔 시위에 참여한 친한 친구가 길거리에서 죽는 걸 보았다. 죽음이 곁에서 연달아 일어나자 생과 사가 한층 무겁게 다가왔고, 그것이 십대와 이십대 시절을 책에 몰입하며 지내게 된 가장 큰 이유가 되었다. '책에는 뭔가 해답이 있지 않을까' 생각했다.

삶이란 뭐지? 살고 죽는 건 대체 뭐지? 철학, 종교를 공부했고 문학책도 많이 읽었어요. 그런데 재밌는 게… 그 무수히 많은 번민과 질문들이 어느 날 싹 사라지더라고요. 연애를 시작하고 나서부터요. 하하. 그때부터는 사는 것 자체가 훨씬 중요해졌어요. 죽는 것에서 자꾸 의미를 찾는, 그 자체가 의미 없어진 거죠. 결혼을 하고 아이가 태어난 후로는 어떻게든 오래 살아서 이 아이들이 자라는 걸 지켜봐야겠다는 것, 그게 목표가 됐고요. 그러니까 누구와 '함께하는' 게 내게 가장 잘 맞는 일이었어요.

그중에서도 가족이나 친구처럼, 내가 편안해하고 내가 좋아하는 사람들과 함께 일상을 보내는 일이, 가장 큰 행복을 주는 일인 것 같아요.

김 선생의 책 《마음의 여섯 얼굴》이 우울, 불안, 분노, 중독, 광기를 지나 '사랑'으로 흘러가는 마음에 대한 이야기라는 게 생각났다. 김 선생은 "사랑이라는 풍성한 상태를 경험하기 위해선 여러 어두운 상태들이 함께 존재해야 한다"고 했다. 그래야만 하나의 '삶'이라 부를 수 있다는 것이다. 행복이 어떤 과정에서 느끼는 것이라면, 우울하고 불안한 상태에서 사랑의 상태로 가는 것이 행복이다. 그뿐인가. 사랑 그 자체를 생각해 보자. 사랑은 어두운 속성이 모두 나타나는 현상이다. 사랑에 빠지면 마냥 설레고 기쁘기만 한가. 우리는 그 사랑이 뜻대로 되지 않아 종종 우울하고, 불안하며, 때로 분노하고, 그 관계와 감정에 중독되기도 하며, 광기에 사로잡히기도 한다. 사랑하면 미친다는 말은 얼마나 진리인가.

우리가 분노할 수 없고, 중독될 수 없고, 우울할 수 없고, 불안할 수 없다면, 우리는 사랑도 할 수 없다. 아니 정확하게 말하자면, 우리가 스스로에게 분노와 우울과 불안을 허락할 수 있어야만 사랑을 하는 힘이 생긴다.

《마음의 여섯 얼굴》, 김건종

지극히 어려운 사랑의 능력

그는 농담처럼(그러나 매우 진담이다) 사랑에 빠진 후 미궁의 인간사에 대한 강박들이 사라졌다고 했는데, 사랑을 경험하고, 사랑하는 능력을 키우는 것이 삶에서 얼마나 중요한지는 이미 많은 학자들이 설파해 왔다. 김 선생은 "사랑이 생물학적으로 타고난 보편적 감정이면서, 다른 한편으론 지극히 이루기 어려운 심리적 능력에 속하기 때문"이라고 했다. 프로이트 또한 "사랑하고 있는 우리는 그만큼 고통에 노출되어 있다"고 했으며, 질리언 로즈도 "사랑은 자신의 경계와 다른 사람들의 경계를 받아들이면서도, 그 경계선 주변에서 깨지고 상처받기 쉬운 채로 남아 있는 것"이라고 했다.

사랑이 만병통치약이 될 수도 없고, 또 행복이란 말을 대체할 수도 없고, 우리 마음의 최종 목적지라고도 말할 수는 없다. 다만 행복한 상태라는 게 우리 안에 함께 존재하는 어둠과 환함을 모두 이해하고 긍정해야 다가설 수 있는 그런

가장 사적인 마음의 탐색

곳이라면, 관계 맺기의 궁극의 상태인 사랑이 좋은 훈련인
것을 부정할 수 없다. 수련의 시절, 김 선생이 환자 사례를
보고할 때마다 담당 교수는 항상 그 환자가 연애를 한 적이
있는지, 있다면 연애 횟수와 그 기간을 물었다. 평범한 연애
를 수년 이상 경험한 사람이라면, 대체로 심리적인 큰 문제
는 것이다.

사랑을 하기 위해서는 상처받을 준비가 되어 있어야 하고, 버
림받을 준비가 되어 있어야 해요. 상대의 처분에 내 존재의
의미가 결정될 수 있는 극도로 수동적이고 그만큼 위험한 자
리에 머물 수 있어야 하는 것이죠. 다시 말해, 강해야 합니다.

사랑이 수반하는 다양한 감정의 경험은, 그것이 불편하
고 때로 고통스럽더라도 병이라 말할 수 없는, 지극히 정상
적인 반응이다. 이별 후 심리적 괴로움을 호소하며 찾아오
는 이들에게 김 선생은 "약이 고통을 줄여 줄 수는 있을 테
고, 원하면 처방해 주겠다"고 말한다. 하지만 늘 조심스레
다시 묻곤 한다. "사랑에서 기쁨만 즐기고 고통을 삭제하는
것이, 과연 온전한 사랑일 수 있느냐"고.
 '그러니까 연애하세요'라고 결론 짓는 건 위험할 수 있다.

다만 행복감 혹은 삶의 의미를 찾는 하나의 방법일 수 있다. 연애를 한다는 것은 그저 '함께한다'는 것 이상의 친밀한 관계가 된다는 의미니까.

연애라는 건 자신의 깊고 오랜 감정들을 나눌 수 있는 상대를 만드는 일이고, 우린 이때 일반적인 사회적 관계에선 잘 쓰지 않는 '친밀함'이란 감정을 많이 사용하게 되죠.

함께하는 일상의 충만함

그는 연애와 사랑, 그리고 '함께' 나누는 일상을 통해 깊은 충만함을 느꼈다고 했으나, 누구에게나 연애나 결혼이 행복의 방편이 되는 것은 아니다. 그러나 우울하다는 이들에게, 행복하지 않다는 이들에게, 김 선생이 가장 많이, 그리고 즉각적으로 하는 말은 '누군가와 함께 있어라'이다. 혹은 '함께 밥을 먹어라' '누군가와 함께 살라'고 조언한다. 그건 꼭 연애나 결혼을 해야 한다거나 가족을 이뤄야 한다는 의미는 아닐 것이다. 혼자서 마음의 문제를 해결하려고 하지 말라는 당부다.

가장 사적인 마음의 탐색

혼자 견디고 해결하는 것은 강하다는 증거도 아니고, 아무것도 아니에요. 그건 일종의 현대 사회의 신화에요. 호모 사피엔스의 역사를 20만 년이라고 하면, 19만 9900년 동안 사람들은 늘 '함께' 있는 존재였어요. 혼자 자고 혼자 밥을 먹는 문화가 생긴 건 길어야 100년 정도일 텐데요. 요즘은 그게 보편적으로까지 느껴지죠. 그렇지만, 사람이 혼자일 때보다 누군가와 함께 있을 때 좀 덜 우울하고, 또 가끔 누군가에게 전화하고 싶고, 의지하고 싶은 것. 그게 정상이에요. 혼자 있는 것보다 훨씬 더 건강한 삶의 방식이고, 마음의 건강을 유지하는 가장 쉬우면서도 근본적으로 의미 있는 방법이라고 생각해요. 사람에 대해 알아가고 공부할수록 저는 '인간은 사회적인 동물'이란 말이 더 깊고 선명하게 다가오는 것 같아요.

미국 저널리스트 에릭 와이너의 책《행복의 지도》는 '이곳은 행복하지 않아'라는 단순한 판단에서 출발한다. 그는 행복을 찾아 10여 개국을 여행한 뒤에도 '과연 그래서 나는 지금 행복한가'라는 질문에 명확하게 답하지 못한다. 많은 사람들을 만난 끝에 부탄에서 만난 학자 카르마 우라의 말이 계속 맴돌았는데 그것은 '행복은 철저히 관계 속에 존재한다'는 것이었다. 긴 여행 후 에릭은 그것이 관계가 중요하다는 것을 강조하는 말이 아니라, 문자 그대로의 의미였다는 걸 깨닫는다. 여기에서 우린 행복의 정의를 어렴풋이 하나 얻을 수 있다. 행복이 특정 명사나 동사가 아니라, 그것들을 연결하는 '접속사'였다는 걸.

우리의 행복은 전적으로, 철저히 다른 사람들과 관련되어 있다. 가족, 친구, 이웃, 게다가 우리가 존재를 알아차리지 못하는 사무실 청소부까지도 모두. 행복은 명사도 동사도 아니다. 접속사다.

《행복의 지도》, 에릭 와이너

결국 스스로 찾아야 한다

사랑이 주는 감정에서 괴로운 것을 빼면 사랑이 아니고, 삶이 주는 풍경에서 그늘을 삭제하면 삶이 아니다. 그러니까 불행의 요소를 제거한 채 행복한 순간만을 좇고, 그것을 목적으로 할 때 이미 우리는 행복하지 않음을 증명하고 있을 뿐이다. 김 선생과 대화를 나누며 나는 먼 길을 돌고 돌아 다시 처음으로 돌아온 기분이 들었다. 아도르노가 이미 지적한 것처럼 행복을 말하는 순간, 우리는 행복에서 빠져나

가장 사적인 마음의 탐색

온다. 에릭 호퍼가 조소한 것처럼 행복의 추구야말로 불행의 주요 원인이다. 그러니 행복에 관한 긴 글을 쓰고 있는 나는 지금, 가장 바보 같은 짓을 하고 있는지도 모른다. (미안하지만 이 글을 읽는 당신도 예외는 아니다!) 하지만 기꺼이 바보가 되겠다. 소중한 우리의 삶에서, 무엇이 가장 소중한지를 모르는, 진짜 바보는 되지 않아야 하니 말이다.

　행복해지는 약은 없어요.

　김 선생이 진료실에서 자주 하는 말이다. 행복해지는 약이 있다면(그것도 사실 행복이라 부를 순 없지만) 그건 아마도 향정신성 의약품, 우리가 마약이라 부르는 것들일 터이다. 정신과에서 처방해 줄 수 있는 건, 조금 덜 괴롭게 해 주는 약이다. 김 선생은 환자들에게 "좀 덜 괴로워진 후, 거기서부터는 좀 더 충만한 삶으로 나아가려면 약이 아니라 탐구가 필요하다"고 말한다. 또한 자신도 정답은 모르지만, 그 과정을 곁에서 돕겠다고, 결국 행복은 스스로 찾아야 할 것이라고 독려한다.

　'탐구' 그리고 '스스로'라는 말들을 곱씹어 보는 내게, 김 선생은 우리가 추구할 것이 과연 행복뿐이냐고 되물었다.

정신의학 및 심리학과 관련해 세 권의 저서와 여러 권의 역서를 낸 이 전문가는 인터뷰를 위해 우리가 마주한 지금 이 순간이, 한국인들의 마음에 행복이 잘못 각인된 증거라고 역설했다. 만일 행복이라 부를 만한 것이 있다 하더라도, 그것은 아주 사적이고 내밀한 경험이고, 과정이고 상태다. 여기에, 김 선생은 행복이 인생 전체에서 지극히 일부에 지나지 않는다고 덧붙였다. 그리고 마크 롤랜즈의 말을 빌려, 인생 최고의 순간이라 부를 만한 때가 그저 행복했던 순간인 것만도 아닐 거라고 했다. 롤랜즈는 "때로는 삶에서 가장 불편한 순간이 가장 가치 있기도 하다"고 "가장 불편하다는 이유만으로도 가장 가치 있는 순간이 될 수 있다"고 했다.

우리는 마친 조건반사처럼 삶에서 가장 중요한 것이 기분 좋은 감정을 느끼는 것, 즉 행복이라고 생각하기 때문에, 최고의 순간은 필연적으로 해탈과 같은 강렬한 환희를 경험하는 기분일 것이라고 생각한다. (…) 최고의 순간은 우리가 최고의 역량을 발휘할 때이며 이는 곧 그 경지에 이르기 위해 매우 끔찍한 순간들을 감내해 낸다는 뜻이기도 하다.

《철학자와 늑대》, 마크 롤랜즈

가장 사적인 마음의 탐색

삶의 초점을, 의미를 우리는 행복에만 둘 수 없다. 삶에 어떻게 행복의 감정만 담는가. 매일의 지겨움, 내가 선택한 사람과 관계에 대한 책임, 시절을 함께한 것들에 대한 신의 도 필요하다. 그러니 우리가 바라보아야 하는 건 행복 너머의 것, 건강한 마음 상태 그 이상의 것이다. 그리고 먼 훗날 삶을 돌아봤을 때, 우리가 '아 그게 내 삶의 최고의 순간이었지'라고 말할 수 있는 때는, 마냥 '좋은 때'라기보다는 내 삶을 더 잘 들여다보게 해 줬거나, 더 깊은 가치를 안겨 줬고, 더 충만하고 풍성한 삶을 선택할 수 있게 해 준 사건이나 순간, 계기, 과정에 있을 것이다. 그리고 우리는 그것을 종합 판단해 '좋았다, 행복했다, 최고였다'고 말할 수 있을 것이다. 따라서 '탐구하며, 존재하는 것'만이 우리 앞에 주어진 길이자 과제로 남는다. 미국 신경정신과 의사 대니얼 J 시겔은 그 길 위에는 경직되고 굳은 상태와 혼란스러운 상태 두 가지가 존재한다고 했다. 그리고 우리는, 그 사이로 흐르는 강물에, 두 상태를 무수히 오가는 우리의 맘과 삶을 조심스럽게, 그리고 숙명적으로, 흘려보내야 하는 것이다.

롤랜즈에 따르면 무언가를 쟁취하려는 영혼의 유산을 물려받은 인간은, 자꾸 삶의 의미가 소유할 수 있는 무언가에 있다고 생각한다. '순간'에 불과한 행복에 대해서도 그러하다. 그러나 그는 우리가 "시간의 피조물"이기 때문에 '순간'을 소유할 수 없다고 했다. 소유는 순간을 지워 버리는 것을 전제로 한다. 순간은 우리가 움켜쥔 손가락 사이로 항상 빠져나가 버린다. 롤랜즈는 그래서 인생 최고의 순간을, 행복을, 삶의 의미를 이렇게 아름답게 정의했다.

살면서 만나는 몇몇 순간들, 이 특정한 순간의 그림자 속에서 우리는 삶에서 중요한 것들이 무엇인지 깨닫게 된다. 이 순간들이 바로 인생 최고의 순간인 것이다.

너무 부족한 사유의 시간

얄팍한 자기계발서들이 행복 교과서인양 위세를 부린다. 마음만 먹으면, 긍정적으로만 생각하면, 우리가 행복에 이를 수 있는 것처럼 속삭인다. 그리고 대부분의 사람들은 잘못 설정된 행복을 추구하며, 각자의 방식으로 행복을 소유하고 전시한다. 행복이 흔해질수록 불행도 함께 증식하는 시대. 지금 필요한 건 '소유'가 아니라 다시, '사유' 아닐까.

김 선생에게 행복을 곱씹을 만한 책을 추천해 달라고 부탁했다. 그는 다독가로 유명하고, 또 인생의 가장 괴롭고 힘

가장 사적인 마음의 탐색

든 시기를 책과 함께 지나왔다. 그런데 뜻밖에도 이제는 책 읽는 걸 줄이고 있다는 대답이 돌아왔다. 마음이 힘들어 책을 읽기 시작했던 건 맞지만, 책을 통해 행복해지는 일은 없었다고 덧붙였다. 책 읽는 것을 아주 좋아하지만, 행복할 때는 대개 책을 읽을 때가 아니었다. 행복에 대한 책을 추천하는 것이 고민이 된다고 했던 그는, 며칠이 지난 뒤 메일을 보내왔다. "그럼에도 행복에 대해 새삼 생각해 볼 수 있게 해 줬던 책을 꼽아 보고 싶다"면서.

책으로 행복에 이를 수 없고, 책을 읽는 순간도 행복은 아니겠으나 내심 기대해 본다. 우리가 어떤 책을 만나고, 읽고, 그래서 중요한 것이 무엇인지 깨닫는 순간을 맞이할 수 있다면, 그것만으로도 우리는 어쩌면 최고의 순간을 사는 것일지도 모른다. 소유할 수 없고, 그것이 삶의 전부도 아니지만 손가락 사이로 스르륵 지나가는 '행복'을 잠시 누려 볼 수도 있다. 행복에 대해 사유할 줄 아는 인간은, 지금 행복으로서 존재하는 것이 아닐까.

함께 읽으면 좋은 책

피너츠 찰스 슐츠 지음 | 신소희 옮김 | 북스토리

평생 꾸준히 《피너츠》만을 쓰고 그렸던 만화가 슐츠. 그는 이 만화에서 우리가 흔히 생각하는 어린이의 순진무구함이나 해맑음, 그리고 낭만적 행복만을 이야기하지 않습니다. 찰리 브라운과 스누피, 그리고 친구들의 소소한 일상은 큰 사건이나 충격없이 흘러가며, 이 '애늙은이'들은 별로 웃지 않고, 다소 냉소적이고, 가끔 진지하고, 그러다 종국엔 우리를 웃게 합니다. 어려운 말도, 심각한 상황도 없이, 그저 삶을 온전히 경험하라고 가르쳐주는 만화입니다. 그것이 행복 추구보다 훨씬 더 깊고 큰 충만감을 준다는 걸 일깨워 줍니다.

철학자와 늑대 마크 롤랜즈 지음 | 강수희 옮김 | 추수밭

스물일곱 살 때 늑대 브레닌을 만나 11년간 함께 산 철학자 마크 롤랜즈가 그 동거에 대해 기록한 에세이입니다. 그는 늑대의 삶을 렌즈로 해 인간의 삶을 새롭게 바라보면서, 행복은 "감정이 아니라 존재의 방식"이라고 정의합니다. 책은 토끼 한 마리를 사냥하는 데 온 정신을 집중하는 브레닌과, 강박적으로 행복만을 추구하는 인간을 비교하고, 인간을 '행복 중독자'라고 조소합니다. 행복이라는 감정에 지나치게 의미를 부여하다가, 삶의 더 깊은 경험들을 놓친다고 말입니다.

중국집 조영권 지음 | 이윤희 그림 | CA북스

김건종 선생이 생각하는 '행복의 아름다운 형식'이 담겨 있는 책입니다. 저자는 전국으로 출장을 다니는 피아노 조율사로, 작업이 끝나면 그 지역 평범한 중국집을 찾아가 짜장면과 볶음밥, 또는 짬뽕과 탕수

가장 사적인 마음의 탐색

육 등을 먹습니다. 작은 사진기를 들고 다니며 저자가 수십 년 동안 먹고 찍은 심심한 사진들과, 현란하지도 심오하지도 않은 담담한 문장들이 이상하게 마음을 울립니다. 우리의 행복은 대단한 철학에 있는 것도 아니고, 비싼 음식에 있는 것도 아니며, 그저 일상 사이에서 만나는 작고 소박한 기쁨임을 다시 한번 일러 줍니다.

4장

사
랑

애착이 사라진 무한 경쟁 시대의 사랑

인생에서 가장 중요한 두 축을 일과 사랑으로 보는 것은
세계 공통적인 현상이죠. 생산적인 활동으로 돈을 버는 것만큼이나
주변 사람들과 정서적 교감과 사랑을 나누는 것이 중요합니다.

사랑은 언제나
우리의 생존 전략이었다

정신과 전문의 윤홍균의 사랑 탐색

최현미

만약 젊은 날로 돌아가 무엇이든 딱 하나에 목숨을 걸어야 한다면 무엇을 선택하겠는가. 나는 사랑을 택하겠다. 사랑에 목숨을 한번 걸어 보겠다. 인생에는 '만약'이 없고, 과거로 돌아갈 수 없기에 지르는 감상적 허세일지도 모른다. 하지만 '젊은 날엔 젊음을 모르고, 사랑할 땐 사랑이 보이지 않았네'라는 어느 가수의 노래처럼, 젊어서 나는 사랑이 조금 시시했다. 그저 '어떻게 살아야 하나'라는 답 없는 질문에 코를 빠뜨리고 있느라 다른 것들을 돌아보지 못했다. 그 문제가 해결되지 않고는 한 걸음도 떼지 못할 것 같았다. 지금 돌아보면, 그냥 한걸음 한걸음 나아가면 됐을덴데, 하지만 그 시절은 그렇게 고민하고 보내는 시간일 수밖에 없다. 그 질문에 대한 답은 어느 누구도 줄 수 없고 스스로 찾아내야 하는 것이기 때문이다.

그 뒤 아침에 출근해서 저녁에 퇴근하고, 결혼해 아이를 낳고 키우고 그 아이가 훌쩍 커 버린 결코 짧지 않은 시간을 지나고 보니 사랑이야말로 인생에서 가장 귀한 감정이라는 생각에 이르게 됐다. 그래서 무라카미 하루키의 소설 《1Q84》에서 주인공 아오마메가 첫사랑 덴고를 떠올리며 한 말에 밑줄을 긋게 된다.

단 한 사람이라도 진심으로 누군가를 사랑할 수 있다면 인생에는 구원이 있어.

나 역시 사랑이 구원이고 희망이라고 믿는다. 사랑은 삶의 화력이자 온기이며, 괴롭고 힘들 땐 우리를 위로하며 버텨 낼 힘을 준다. 아주 이기적인 사람도 사랑 앞에선 자기 자신을 내어 줄 수 있다는 걸 생각하며, 사랑은 주는 사람에게도 받는 사람에게도 구원이 아닐 수 없다.

사전을 찾아보면 사랑은 "어떤 사람이나 존재를 몹시 아끼고 귀중히 여기는 마음 또는 그런 일"이라고 풀이돼 있다. 하지만 사랑은 간단하게 몇 문장으로 정의할 수 없다. 사람마다 의미가 다르고 그 방식 또한 다르기 때문이다. 사랑하면 설레고 기쁘고 행복하지만 때론 집착과 실망을 데려오고, 기대가 큰 만큼 우리를 더 외롭게 한다. 때론 분노로 이성을 잃게 만든다. 실제로 우리가 살아가면서 겪는 숱한 문제와 다툼의 이유, 그 이유의 이유, 또 그 아래 도사리고 있는 이유를 쫓아가 보면 거기엔 사랑이 있을 때가 많다. 무엇보다 우리 삶이 유한하다는 것을 생각하면, 아무리 찬란해도 모든 사랑의 끝은 이별이다. 결국 새드엔딩이다. 그러니 사랑은 우리 삶을 빛나게 하는 기쁨이고 구원이지만, 동시에 지독한 고통이 되기도 한다.

어떤 사랑은 만나는 첫 순간 폭발하지만, 어떤 사랑은 평생에 걸쳐 완성된다. 때로는 상대가 세상을 떠난 뒤에도 계속된다. 단 한마디 말 없이 알아채는 사랑도 있지만 수백, 수천 마디의 말로도 설명되지 않는 불가사의한 사랑도 있다. 불온한 원나잇스탠드가 영원한 사랑이 될 수도 있다.

이렇게 사랑에는 너무 많은 것들이 있다. 웃음과 눈물, 떨림과 지리멸렬, 만남과 헤어짐, 포옹과 다툼, 이해와 오해, 상승과 하강 그리고 순간과 영원까지, 이 모든 것들이 있다. 이 세상에서 사랑만큼 넓고 깊고, 알 수 없는 것이 무엇일까 생각해 보면, 광대한 우주 정도밖에 없다. 그러니 사랑을 하는 건 이 광대한 우주에 마음을 열고 온 마음으로 껴안는 것이다.

그런데 이 광대한 사랑이 어렵다. 그리고 위태롭다. 길고 긴 인간 역사에서 사랑이 쉬웠던 적은 없었다. 사랑이 차고 넘치도록 남아돌던 때도 없었다. 너나없이 모두가 바라는 사랑은 언제나 늘 부족했다. 하지만 지금 이 시대의 사랑은 복잡한 현실의 문제와 얽혀 더 위태롭다. 재미가 넘쳐나는 시대, 사랑에 시간과 에너지를 투자하지 않으려 한다. 편리한 시대, 많은 것을 감내하는 복잡한 사랑은 불편하다. 가성비와 이해득실을 따지는 경제성의 시대, 사랑은 남는 장사가 아니다. 멀티태스킹의 시대, 사랑에 집중하기 어렵다.

포르노는 사랑의 감각을 무디게 하고 아파트값은 사랑을 냉소하게 하고 넘치는 판타지와 SNS는 '나'의 사랑을 초라하게 만든다. 게다가 예민하고 까다로운 현대인들은 적당히 사랑하고 적당히 결혼하며 적당히 참고 살아갈 수 없다. 우리는 스스로 우리의 사랑을 들볶는다.

지금은 사랑이 절실한 시대

하지만 아이러니하게도 지금은 어느 때보다 사랑이 절실하다. 우리는 인류 역사에서 가장 고독한 시대에 살고 있는지도 모른다. 우리는 모두 조금씩 우울하고 불안하고 외롭다. 각자도생의 시대, 스스로 자기를 책임지고 돌봐야 한다. 절실하다고 생각할수록 사랑은 더욱 불가능해 보이는 외로운 시대, 우린 이제 좀 따져 물어야 한다. 너나없이 예민하고 뾰족뾰족한 고슴도치 같은 우리가 어떻게 서로를 사랑할 수 있는가에 대해, 그리고 그 사랑을 어떻게 돌볼 수 있는지에 대해 한 번쯤 숙고해 봐야 한다. 이런 생각과 함께 떠오른 사람이 정신과전문의 윤홍균 선생이었다. 그의 책《사랑 수업》은 어떻게 사랑하고 사랑받을 것인가에 매우 실용적인 지침서이다. 선생을 만나 제목 그대로 사랑 수업을 한번 받아 보고 싶었다.

사실 윤홍균 선생과는 2016년 첫 책《자존감 수업》출간 때 만나 한 차례 인터뷰를 한 적이 있다. 자신은 원래 자존감 낮은 사람이었다고 고백하고 의대에서 배운 지식과 기술을 적용해 스스로 자존감을 키워 나갔다는 대목을 읽고 궁금해 인터뷰를 청했었다. 어려서 매사 자신감이 없었고 의대 시절에는 유급까지 당해 매일매일 PC방을 전전하며 '포기하고 싶은' 충동에 사로잡힌 적도 있었다고 했다. 그 지난한 시절을 겪어서인지 책은 '이렇게 해라, 저렇게 해라'가 아니라 '우리 같이 이렇게 해 봐요'라고 말하는 것 같았다.

자기 허물을 받아들이는 사람

캐쥬얼한 밝은 색 셔츠에 배낭을 맨 가벼운 차림의 그는 자신의 책처럼 솔직하고, 담담했다. 누구나 이해하기 쉬운 일상의 언어로 자신과 우리의 일들을 이야기했다. 조용한 카리스마를 느꼈고, 권위적이지 않은 친근한 안내자라는 인상을 받았다. 선생이 자신의 실패담을 담담히 털어놓으며 자존감도 스스로 애쓰면 나아질 수 있다고 말했을 때는 큰 위안을 받았다. 실패든 상처든, 과거는 우리가 손쓸 수 없는 지난 일이기에 우리가 할 수 있는 최선이란, 지금 자리에서 애써 보는 것이다. 지금부터 하면 된다는 말은 언제나 큰 위로가 된다. 자존감을 잘 회복한 사람은 나르시시스트가 아니라 자기 허물을 인정하고 받아들이는 사람이 된다던 선생의 말도 오래 기억에 남았다. 나도 그런 안정적인 사람이 되고 싶었다.

가장 사적인 마음의 탐색

6년 만에 다시 만난 선생은 변함없어 보였다. 모든 것을 변하게 하는 시간 속에서 여전히 한결같은 것을 확인할 때처럼 다정한 안도감을 느꼈다. 머리카락이 완전히 새하얘졌다는 것을 빼면 솔직하고 담백한 카리스마는 여전했다. 이야기는 지난 6년의 시간을 메우는 데서 시작했다.《자존감 수업》과《사랑 수업》그 사이의 일이다. 윤 선생이 '사랑'에 대해 쓰게 된 건 '자존감' 때문이었다.《자존감 수업》출간 후 많은 독자들이 도움을 받았다고 감사해했지만 아무리 노력해도 좀처럼 자존감이 오르지 않는다고 하소연한 사람도 많았다. '노력해도 안 되니 구제 불능인가 봐요'라는 하소연이었다. 윤 선생은 그런 하소연이 담긴 여러 이메일 중 하나를 출력해 책상 앞에 붙여 놓고 읽고 또 읽었다. 시간이 흘렀고, 이 고민을 곱씹은 끝에 어떤 결론에 도달했다. 낮은 자존감에서 벗어나지 못하는 사람들, 인생이 힘들다고 호소하는 사람들에게는 공통점이 있었다. 그들은 제대로 사랑과 지지를 받아 본 경험이 없거나 현저히 적었다. 자존감의 출발점은 다름 아닌 사랑이었다. 사랑을 많이 받아야 자존감이 높고, 자존감이 높아야 제대로 사랑할 수 있다는 결론이었다.

　논리적으로 나무랄 데 없는 귀결이지만 선뜻 동의할 수

없었다. 자존감과 사랑의 상관관계에 대한 이 공식을 뒤집어 보면 사랑받지 못하면 자존감이 낮아지고, 자존감이 낮으면 사랑할 수 없으니 자존감은 더 낮아진다는 뜻이었다. 그렇다면 이런 악순환의 고리에 빠진 사람은 어떻게 해야 할까. 선생은 현명한 답을 주었다.

당신이 지금 할 수 있는 것부터 해 보세요.

자존감이든, 사랑이든 지금 할 수 있는 것에서 시작해 보라는 조언이었다. 비단 자존감과 사랑에만 해당되는 이야기는 아니다. 과거를 후회하며 발목 잡히지 말고 미래를 앞서 걱정하지 말고 지금 할 수 있는 것부터 해 보라는 건, 인생의 모든 일에 적용되는 진리 같다. 우리는 어떤 순간에도, 자기 앞에 놓인 밥상을 걷어차지 말고 일단 숟가락을 들어 크게 한 숟가락 떠먹어야 한다. 이렇게 사랑과 자존감의 관계를 들여다보며 우리의 이야기는 다시 우리 시대 사랑은 왜 어려운지로 돌아갔다.

일하고 성공하고 사랑하다

사랑은 전 세계적으로 위기지만 우리의 상황은 좀 더 가혹하다. 급속한 경제 성장과 치열한 경쟁이라는 특수한 상황은 한국을 전 세계에서 동시에 벌어지고 있는 여러 문제의 최격전지로 만들고 있다. 사랑도 그렇다. 경쟁에서 살아남겠다는 의지, 성공하겠다는 열망, 실패하면 한순간에 추락한다는 두려움, 번아웃과 피곤이 일상이 된 이곳에서 사랑이 어렵고 위태로운 것은 어쩌면 당연하다. 우리는 일하느라 성공하느라 경쟁하느라 번아웃 되느라 오랫동안 사랑을 돌보지 못했다.

인생에서 가장 중요한 두 축을 일과 사랑으로 보는 것은 세계 공통적인 현상이죠. 생산적인 활동으로 돈을 버는 것만큼이나 주변 사람들과 정서적 교감과 사랑을 나누는 것이 중요합니다. 그런데 우리는 농업화-산업화-정보화가 빠르게 일어났고, 후진국에서 개발도상국-중진국-선진국이 되는 속도가 어마어마하게 빨랐어요. 일과 사랑이라는 두 축 중에서 일을 더 열심히 하고 살았다는 거예요. 일에서 너무 높은 생산성을 만들다 보니 꽤 오랫동안 사랑에 집중하지 못하고 살았던 거죠.

그리 놀랄 일도 아니다. 멀리 갈 것도 없이 우리 아버지들은 오랫동안 새벽에 나가 밤이 늦어서야 귀가했다. 세상이 많이 바뀌었다지만 지금 같이 일하는 사오십대 회사 동료들도 그리 다르지 않다. 많은 이들이 워라벨을 이야기하지만 한국은 여전히 '워커홀릭'의 나라다. 다 큰 어른들만의 이야기가 아니다. 아이들은 공부에 쫓기느라 일찌감치 부모와 다정한 대화를 하지 못한다. 청년들 또한 사랑할 시간이 모자라다.

사실 저 때만 해도 대학생만 돼도 거의 사회인이었거든요. 스무 살이 되면 마음 놓고 사랑할 수 있었어요. 그런데 지금 대학생들은 너무 바빠요. 스펙 쌓아야지, 자격증 따야지, 연수 다녀와야지. 그러다 보니 사랑을 하게 되는 연령이 늦어지죠. 사랑이 무관심 속에 방치되고 사랑과 관련된 여러 문제들이 쏟아져 나오는 거죠.

우리는 일상에서 충족해야 할 사랑의 기본 양을 못 채우고 있는지 모른다. 우리는 모두 일정 정도 애정 결핍이다. 추측이 아니다. 독일 신경과학자 게랄트 휘터Gerald Huther는 '애착'이 '경쟁'과 정반대에 있다고 했다. 경쟁은 사람을 연결하는 끈을 끊고 자기에게 이득이 되면 언제라도 남을 희생시키는 전투병으로 만들기 때문이다. 그렇게 지내다 보면 어느새 다른 사람에게 친밀함을 느끼지 않는 편이 낫다고 여기게 된다는 것이다.[1] 경쟁은 사랑으로 가는 길을 막아 버린다.

사랑의 롤모델이 없다는 것

사랑의 신화도 사랑을 어렵게 만든다. 사랑은 영원하다는 신화, 사랑한다면 말하지 않아도 알 수 있다는 신화, 사랑하면 모든 것을 이해해야 한다는 신화 같은 것이다. 하지만 우리는 안다. 아무리 가까운 사이라도 말하지 않으면 알지 못한다. 우리는 같은 공간과 같은 시간에서 살지만 각자 자기만의 세계를 살아간다. 그 세계에는 자기만의 상식이 있다. 상식은 '사람들이 보통 알고 있는 지식이나 사리 분별'이지만, 살아가면서 새삼 알게 되는 건 사람들의 상식은 제각각 다르다는 사실이다. 누군가를 안다는 것은 어쩌면 근본적으로 불가능하다. 여기에 비현실적으로 멋진 남성과 멋진

---

1   《사랑하지 않으면 아프다》 게랄드 휘터, 매일경제신문사

여성이 등장하는 드라마와 자기의 사랑을 전시하는 SNS가 가세해 사랑의 판타지를 쏟아 낸다. 더 큰 문제는 과거에는 신화나 판타지를 일상 속에서 무리 없이 구분할 수 있었으나 지금은 가려내기가 그리 간단치 않다는 것이다.

옛날 대가족 안에서는 형제자매, 고모 삼촌의 사랑을 보고 배우며 자랐어요. '누나가 미팅하러 가기 전 저런 심리 상태구나.' '매너 없는 사람을 만나고 돌아오면 저런 반응을 보이는구나.' 그런 것들을 실제 경험할 수가 있었죠. 그런데 지금은 그저 부모의 사랑, 친구 몇몇의 사랑 데이터밖에 없어요. 그래서 드라마 속 사랑, 인터넷 게시판 정보, 심하면 야한 동영상, 혐오의 글만 보다 사랑을 하려니 왜곡된 시선, 왜곡된 시각으로 만나게 되는 경우들이 많아요.

온갖 정보가 쏟아지는 빅 데이터 시대에 정작 내 사랑에 도움이 되는 데이터는 작아지는 아이러니한 상황이다.

그렇다면 지금 이곳에서 가장 위기를 겪는 건 누구의 사랑일까. 취업난과 날로 치솟는 아파트 가격 때문에 사랑도 연애도 결혼도 엄두를 못 내는 청년일까, 졸혼에 황혼 이혼이 속출하는 중년일까, 아니면 늘어난 수명 때문에 이전 세대는 겪지 않았던 인류 초유의 문제에 직면한 노년일까. 개인적으로는 젊은이의 사랑이라고 생각했다. 중년은 어쨌든 사랑을 했고 결혼을 했으니 그 뒤 문제라면 사랑보다는 삶의 문제라고 여겼다. 그런데 선생의 진단은 달랐다. 그는 중년과 노년의 사랑이 최고 위기라고 했다. 젊은이의 사랑 문제가 폭발 직전이라면, 중년과 노년의 사랑은 이미 폭발해 표면 위로 드러나 버렸기 때문이다.

그런데 중년의 사랑이 어려운 이유가 흥미로웠다. '롤모델의 부재'였다. 이삼십대 청년은 드라마에서라도 (물론 현실이 아닌 판타지지만) 자기 세대의 다양한 사랑과 연애 서사를 볼 수 있는데 한국 사회에서 중년 이후의 사랑은 모델을 찾기 어렵다는 것이다.

중년 이후에 어떻게 사랑을 해야 할지 아무도 몰라요. 그래서 형한테, 선배한테 물어보니 '너도 불행해?' '나도 불행해' '너도 불행, 나도 불행 에브리바디 불행해' 이렇게 고착화가 되어 가요. 부부가 어떻게 대화할지 몰라 반 포기로 지내다 터지기도 해요.

생애주기별 사랑의 형태

노년의 사랑도 쉽지 않다. 비틀즈는 1967년 앨범에 수록된 〈내가 예순네 살이 되면When I'm Sixtyfour〉에서 내가 늙고, 머리가 빠지고 보잘것없는 예순네 살이 되도 자신을 사랑해 줄 거냐고 묻는다. 비틀스가 이 노래를 부를 때 늙고 병들고 힘이 빠져도 사랑해 달라고, 영원한 사랑을 하겠다며 상정한 나이가 예순 네살이었다. 그러나 이제 평균 수명이 백 세를 내다보는 세상이 됐다. 누구도 '검은 머리 파뿌리 되도록' 평생 살아야 한다고 말하지 않는다. 백년해로만이 건강한 사랑이라고 생각하지도 않는다. 결혼의 무게가 약해졌을 뿐 아니라 결혼 제도의 결함도 드러나고 있다. 사랑과 결혼을 둘러싸고 벌어지는 문제를 보면 사랑의 위기가 아니라 결혼 제도의 위기이고 추락이기도 하다. 사람도, 사람이 하는 사랑도 바뀌는데 사회적 제도는 변하지 않아 오히려 사랑을 왜곡하고 가두는 짐이 되고 있다.

원래 사랑은 '영원'을 추구하지 않는다는 의견도 있다. 몇몇 인류학자는 인간은 원래 아이를 낳고 헤어지도록 만들어졌다며, 사랑의 시간은 딱 그만큼의 시간이라고 주장한다. 커플의 한계가 4년이라는 진단이 나오는 이유다. 수렵 채집 사회에서도 아이들은 네 살이 되면 부모에게 의지

가장 사적인 마음의 탐색

하지 않아도 될 정도가 된다는 것이다. 전 세계 58개국을 대상으로 한 조사에서도 이혼하는 커플의 상당수가 4년째에 위기를 맞는다.[2] 화학적으로는 4년도 길다. 사랑의 뇌 전달물질 분비는 1년 6개월이면 끝나기 때문이다. 하지만 진짜 사랑은 어쩌면 이때부터 시작되는 건지도 모른다. 화학적 호르몬 작용이 끝난 뒤에, 비로소 지구상에서 오직 인간만이 할 수 있는 이해와 신뢰와 믿음으로 깊어지고 단단해지는 사랑 말이다.

분명한 건 우리의 사랑은 나이에 따라 달라져야 한다는 것이다. 윤 선생은 전성기 때 150킬로미터의 강속구를 던지는 야구 선수에 비유해 설명했다.

전성기 때 150킬로미터 강속구를 던지는 투수들이 있어요. 이십대에는 엄청나게 센 공을 던지죠. 그런데 이십대 후반이 되고, 삼십대가 됐는데도 계속 강속구만 던지면 어깨를 다쳐요. 그땐 전략을 조금 수정합니다. 제구력 위주로 컨트롤해서 공을 던지고, 타자의 심리를 분석해 타이밍을 뺏는 식으로 아웃카운트를 잡아내요. 전혀 던지지 않던 느린 변화구도 연습

---

2 《감정을 읽는 시간》, 클라우스페터 지몬, 어크로스

하고. 그러다 은퇴할 때가 되면 어떻게 하면 후배들에게 도움이 될까, 어떻게 내 노하우를 전할까 해서 코치로, 감독으로 넘어갑니다.

야구 선수가 사랑하는 야구를 잘하기 위해 한 가지 방식만 고집할 필요가 없다는 것이다. 고집할 필요가 없는 게 아니라 고집하면 안 된다. 사랑도 마찬가지다.

이삽십대엔 열정을 불사르며 사랑하죠. 이벤트를 하고 밤새 통화도 하고. 그래도 몸이 되고 다음날 출근도 가능하죠. 하지만 사오십대에도 그러면 심장이 큰일 나요. 그때부터는 원숙하게 바꿔 나가야 해요. 여유 있고 너그럽고 관대한 기술을 개발하는 거죠. 그러다 노인이 되면 돌봐 줄 수 있는 능력이 사랑의 능력인 거죠. 사랑이 식는 게 아니라 사랑은 그대로인데 봄, 여름, 가을, 겨울이 있듯 삶의 주기가 있는 거죠.

사랑을 잘하는 건 인생을 잘 사는 것과 같다. 사랑의 기술은 인생의 기술과 다르지 않다. 열정만큼 현명함이 필요하다. 자신의 변화와 상대의 변화, 자신의 한계와 상대의 한계, 상대의 부족함과 자신의 미욱함을 알아야 한다. 인생도,

가장 사적인 마음의 탐색

사랑도 쉽지 않다. 하지만 그럼에도 불구하고 우리는 사랑하고 사랑받으며 삶을 완성해 나가야 한다. 우리는 왜 이토록 어려운 사랑을 하는 것일까.

우리는 왜 사랑을 하는가

인류가 처음 느낀 감정은 공포와 쾌락이었다. 이유는 간단하다. 공포와 쾌락이 인간 생존에 필수적이기 때문이다. 공포를 느껴야 생명을 위협하는 위험에 대처할 수 있고 쾌락이 있어야 생명을 이어 갈 수 있다.

그렇다면 사랑은 언제부터 생겼을까. 사랑에도 기원이 있을까. 지구상에 원시적 사랑이 등장한 것은 약 1억 5천만 년 전이다. 이때 호르몬 작용으로 초기 포유류와 조류의 부모와 자식 사이에 개인적인 애착 관계가 생겼다. 그런데 그 뒤 몇몇 종에서 부모 양쪽이 보살필 때 자식의 생존 가능성이 높아지자 자연은 어미와 새끼 대신 남성과 여성을 묶어 주기로 했다. 이성 간 사랑의 시작이었다.[3]

이렇게 시작된 사랑은 인류 진화 과정에서 줄곧 중요한

3   《감정을 읽는 시간》, 클라우스페터 지몬, 어크로스

생존 전략이 됐다. 그저 다음 세대 자손을 낳기 위해 남녀의 사랑이 필요하기 때문만은 아니다. 흔히 진화론에서 가장 공격적인 자가 살아남는다고 하지만 최근에는 양육을 잘 받을수록 더 잘 생존한다는 쪽으로 의견이 모이고 있다. 사랑받을수록 생존 확률이 높아진다는 것이다. 진화인류학자 브라이언 헤어는 "인류 진화에서 가장 '공격적인 자'가 아니라 공감하고 협력하고 반응하는 '다정한 자'가 살아 남았다"고 했다.[4]

인류의 뇌가 유인원보다 큰 것도 다정해지기 위해서였다. 상대를 이해하고 관계 맺으려면 여러 기능을 하는 큰 뇌가 필요했기 때문이다. 하지만 큰 뇌는 인간 생존에 결코 유리하지 않다. 빨리 도망칠 수도 없고, 유지에 엄청난 에너지가 필요하다. 결국 인간은 생명의 위협을 감수하고 '관계'를 택한 것이다. 이렇게 사랑의 DNA는 수백만 년의 시간을 건너와 지금 우리 핏속에 흐르고 있다.

인류의 긴 역사뿐 아니라 우리의 하루하루 일상에도 사랑이 필요하다. 사랑의 호르몬 도파민은 우리를 행복하게 한다. 사랑하는 이를 생각하기만 해도 분비되는 옥시토신

4   《다정한 것이 살아남는다》 브라이언 헤어, 버네사 우즈, 디플롯

은 두려움과 불안감을 낮추고 안정감을 준다. 존경과 보호를 받으면 스트레스 호르몬에 예민한 유전자는 사라지고 평온을 유지하는 유전자가 강화된다. 사랑에 빠지면 기억력도 좋아진다. 사랑하는 사람에 대해, 함께한 세세한 일화에 대해 선명하게 기억하는 것은 사랑 호르몬으로 기억력이 좋아진 덕분이다. 흔히 말하는 '사랑의 힘으로'라는 말은 꽤 과학적 근거가 있다. 반대로 사랑받지 못하고 거부당하면 육체적 고통을 느낄 때와 같은 신경망이 활성화된다.[5]

현재라는 무대에 올라

사랑은 인간의 본능이자 충족되어야 할 기본적인 욕구이다. 사랑이 위태롭다는 건, 본능이 충족되지 않는다는 것이다. 기본적인 욕구가 채워지지 않으면 어떻게 될까. 사랑의 욕구는 다른 것으로 대체될 수 있을까. 윤 선생은 잠시 대체될순 있지만 근본적으로 다른 것으로 채우긴 어렵다고 했다.

  욕구는 어느 정도 대체 가능해요. 치킨을 먹고 싶을 때, 치킨

---

5   《사랑하지 않으면 아프다》 게랄드 휘터, 매일경제신문사

대신 피자나 햄버거로 만족할 수 있어요. 그런데 배가 고파서 밥을 먹고 싶은데 옷을 사 줬어, 그거는 충족이 안 되거든요. 내가 부모님에게 사랑받고 인정받고 싶은데 인정 대신 용돈을 줘요. 그러면 어느 정도 커버는 가능하죠. 그런데 이게 쌓이고 쌓여 결핍된 게 뭉치면 아무리 많은 돈으로도 안 된다는 거예요.

커피를 마시면 졸음을 잠깐 쫓을 수 있지만 영원히 수면 욕구를 누를 수 없는 것과 같은 이치다. 사랑 욕구도 어느 정도는 음식으로, 술로, 물질로 대체되지만 오랫동안 충족되지 않으면 욕구 불만은 결국 터져 버린다. 엉뚱한 방향으로 터지면 심각한 문제가 될 수 있다.

보통 성인의 사랑은 성, 관심(보살핌), 애착이라는 세가지 요소로 구성된다. 흔히 어른들의 사랑에서 성이 중요하다고 생각하지만 성이 핵심 요소는 아니다. 이보다 더 근본적이고 중요한 것이 애착, 즉 친밀한 사람 사이의 정서적 관계이다. 애착은 어려서 부모와의 관계에서 만들어지는데 이때 형성된 세계관은 평생 자신과 세상을 대하는 믿음으로 자리 잡는다.

하지만 '애착'은 때론 어쩔 수 없는 것이다. 좋은 부모 혹은 좋은 양육자를 만나 사랑받으며 자라면 좋겠지만 실제로 그렇지 않을 수 있기 때문이다. 안타깝게도 때론 턱없이 부족한 사랑이 기본값일 수 있다. 이 기본값에 휘둘리며 살아야 하는가. 윤 선생은 이 지점에서 인간의 놀라운 회복력을 이야기한다.

긍정적인 애착 관계가 중요하지만, 부모와의 애착 관계가 불안정했다고 평생 부모를 원망하며 살아서는 안 됩니다. 자기 의지에 따라 충분히 바꿀 수 있어요. 인간은 학습이 가능하기 때문입니다.

윤 선생은 스무 살이 넘어 성인이 되면 부모를 탓하지 말라고 했다. 실제로 사람의 뇌는 놀랄 정도로 쉽게 바뀐다. 부정적으로 자리 잡은 신경 회로도 상황에 따라 변할 수 있다. 실제로 우리 신경 조직은 사랑에 빠질 때와 부모가 되어 자녀를 키우는 초기 몇 개월간 대대적으로 재조직된다. 또 사랑하는 사람과 감정을 주고받는 방식이 바뀌어도 새로운 신경 회로가 만들어진다. 그러니 애착의 문제에 있어서도 어린 시절 사랑받지 못했다며 과거에 얽매이지 말고, 현실의 링 위에 올라 지금 자신을 만드는 연습을 해 나가야 한다.

어린 시절 경험이 중요한 건 사실이지만 모든 게 양육자 탓은 아닙니다. 성장 과정에서 아이에게 작용하는 상황과 스트레스는 양육자 말고도 매우 다양한 데에서 기인합니다. 부모들이 최선을 다해도 엉뚱한 곳에서 애착 문제가 생길 수 있어요. 무조건 부모 등 양육자를 탓하는 건 잘못입니다.

이 조언은 부모, 양육자, 특히 육아의 많은 부담을 책임지고 있는 한국의 엄마들에게 위로가 된다. 그럼에도 불구하고, 좋은 애착 관계를 위해 가장 중요한 것은 무엇일까.

긍정적으로 바라보는 겁니다. 자신과 세상을 긍정적으로 보는 게 중요합니다. 부모가 자식과 건강한 애착을 형성하려면 부모님이 자신에 대해 긍정적으로 인식하고 있어야 됩니다. 그래야 내 유전자의 반을 가져간 아이가 아플 수도 있고 발달이 늦을 수도 있지만 잘 자랄 것이라고 긍정적으로 기다릴 수 있습니다. 무조건 낙천적인 관점을 가지라는 게 아니라 문제가 생겨도 해결할 수 있겠다는 미래 지향적인 관점, 긍정적인 관점이 건강한 애착 관계를 형성하는 데 가장 중요한 출발점이라는 것이죠.

아무리 엄청난 사연이 있다 해도 상처에는 공통된 약점이 있다. 이미 지나 버린 '과거'라는 것이다. 미래에 대한 걱정도 마찬가지다. '그런 일이 생기면 어쩌지'라는 걱정도 현실이 아닌 상상의 나라에 산다. 윤 선생은 이렇게 말했다.

현실이라는 링 위에 존재하는 건 '지금 자신'이니 상처와 공포에서 벗어나기 위해서는 현재란 무대에 올라서는 연습을 꾸준히 해야 합니다.

결혼과 사랑의 손익 계산

산업혁명이 한창이던 1838년 생물학자 찰스 다윈은 사촌 엠마 웨지우드에게 청혼했다. 당시 다윈은 결혼의 손익 목록을 만들었다. 이득 리스트 '아이, 지속적인 동행, 늙었을 때 친구, 사랑의 대상, 같이 놀 상대, 상냥한 아내와 좋은 난로, 책과 음악은 건강에 도움이 된다'였다. 손해 리스트는 '다툼, 끔찍한 시간 낭비, 저녁 독서는 불가능, 불안과 책임감, 책 살 돈 줄어듦. 열기구 탈 수 없음. 혼자 유럽 대륙 돌아다니기 불가능, 미국·영국 웨일스 여행 불가능, 가난한 노예로 전락'이었다.[6]

다윈의 목록을 보면 사랑은 손익 계산에서 아주 작은 일부분이다. 다윈이 사랑에 유난히 야박해서가 아니다. 그런 시대였다. 당시, 결혼은 대차대조표를 써서 손익을 계산해야 하는 거래였다. 또 역사적으로 막 낭만적 사랑이 등장하던 때였지만 실제로 사랑은 중요한 조건이 아니었다. 낭만적 사랑은 18세기 산업혁명 이후 자본주의적 가부장제가 정착되면서 등장했다. 하지만 현실에서 낭만적 사랑은 낭만적이지 않았다. 교육을 받을 수 없고, 직업도 없던 여성들에게 결혼은 평생의 안전을 보장받는 거의 유일한 길이었다. 여성에게 결혼은 생존의 문제였다. 예쁜 공주가 왕자를 만나 결혼해 오랫동안 행복하게 살았다는 옛이야기를 두고 비판하기 쉽지만 그때 여성들의 속은 말 그대로 타들어 갔다.

현실이 팍팍했기에 낭만적 사랑이라는 판타지라도 가져야 했는데 세상은 낭만적 판타지로 여성들을 가부장적 이데올로기에 묶어 뒀다. 남편에게 모든 것이 달린 결혼 생활은 달콤하지 않았다. 많은 옛이야기들이 '그 뒤로 오래오래 행복했습니다'로 끝나는 것은 그 뒤 이야기가 그리 아름답지 못했기 때문이기도 하다.

6   《우리는 사랑에 대해 얼마나 알고 있을까》수잔 존슨, 지식너머

사랑이 실제로 결혼의 중요 조건이 된 건 한참 시간이 지난 뒤였다. 미국에서도 1970년대가 돼서야 사랑이 배우자의 중요한 조건이 됐다. 사회학자 앤서니 기든스는 1990년대 많은 여성이 직업을 가진 뒤에야 비로소 결혼이 경제적 차원에서 감정적 차원으로 바뀌었다고 했다. 하지만 우리는 다시 결혼에 조건을 중요하게 따지는 시대로 돌아가고 있다. 젊은이들은 '이망생(이번 생은 다 망했다)'이라며 결혼을 물론 사랑과 연애에도 에너지를 투자하지 않으려 한다. 만약 우리 시대 결혼의 손익 계산서를 써본다면 1838년 다윈만큼, 아니 그 보다 더 냉혹한 목록이 될 수도 있다.

타인을 이해할 수 있을까

사랑은 이렇게 끊임없이 변해 왔다. 그럼 지금 우리는 어떤 사랑을 하고 있을까.

시대에 따라 사랑도 다르죠. 할머니 시대에 사랑은 밥이었습니다. 밥 많이 먹이는 게 사랑이었어요. 저희 할머니는 암에 걸려 수술을 앞두고도 제 밥 걱정을 했어요. 저는 이십대였고 한창 건강했는데도 할머니는 '홍균아, 밥 먹었냐?'고 하셨어 사랑의 기술은 인생의 기술과 다르지 않다.
열정만큼 현명함이 필요하다. 자신의 변화와 상대의 변화,
자신의 한계와 상대의 한계, 상대의 부족함과
자신의 미욱함을 알아야 한다.

요. 저는 '할머니 수술받아야 되는데 지금 밥이 문제냐'고 화를 냈어요. 그때는 이해 못 했죠. 지금 생각해 보면 할머니의 밥 먹었냐는 말은 사랑한다는 얘기였어요. 배고픈 게 제일 문제였고 한 집에 몇 명씩 영양실조로 죽던 때였으니까, 어떻게든 밥만은 지켜 주고 싶었던 거죠.

그다음 부모 세대의 사랑은 '관심'이라고 했다. 이른바 586이 속한 베이비붐 세대인 중년의 부모 세대 주변에는 모든 것이 많았다. 학급당 학생 수가 70~80명이었고 일자리도 많았고 일하겠다는 사람도 많았다. 모든 것이 넘쳐났다. 자연히 사랑은 관심이었다. 1년간 같은 반이어도 이름 한 번 안 부르고 헤어지는 친구가 허다했을 때, 선생님이 누군가의 이름을 외우면 그건 각별한 사랑이었다. 우정도 친구의 형제자매까지도 친하게 지내며 그 집 밥숟가락이 몇 개인지 아는 것이었다. 부모 세대에겐 '결혼했니? 연애는 왜 안 하니? 직장은?' 같은 호구조사도 '관심'이라는 연장선상 위에 있다. 하지만 아무리 사랑이라 해도 원치 않는 관심은 부담스럽다. 요즘 청년들이 원하는 건 '관심'이 아니라 '공감'이다. 이제 사랑은 공감이다.

가장 사적인 마음의 탐색

요즘 청년은 배고픔을 고민하지 않아요. 감정 때문에 고민하죠. 너무 화가 난다, 너무 무기력하다, 너무 외롭다, 슬프다, 슬퍼 죽겠다, 내가 너무 불쌍해서 눈물만 나와요, 이렇게 고민해요. 감정의 시대예요. 지금 사람들은 감정적 고통이 힘들어요. 감정을 달랠 수 있는 유일한 방법은 공감이에요. 슬프겠다, 너무 화나겠다고 감정을 이해하고 공유하고 공감해 주는 게 사랑이죠.

실제로 공감의 출발점이자 공감의 또 다른 이름인 '이해'를 하는 동안 우리 뇌는 달아오른 감정 중추인 변연계를 진정시키고 이성 중추인 전두엽을 활성화시킨다. 격해진 마음을 가라앉히고 서로를 받아들이게 된다. 그래서 이해는 뇌가 할 수 있는 최대치의 사랑을 뜻한다.

감정을 억압하는 문화에서

문제는 우리 사회의 공감력이 떨어진다는 것이다. 감정 무시는 우리만의 일은 아니다. 서구에서도 감정은 오랫동안 이성과 다르게 설명할 수도 이해할 수 없는, 비과학적인 것으로 여겨졌다. 하지만 우리는 경제적으로 급성장하고 정

치적으로 군사 정권을 거치면서 감정을 더욱더 억압했다.

하면 된다! 까라면 까라! 이거였단 말이죠. 참아! 버텨! 남들
다 그래 뚝! 남자는 세 번 울어야 돼. 이런 얘기 진짜 많이 들
었어요. 울면 뭔가 잘못한 거 같고 진 것 같았어요. 감정이 눈
이나 표정에 드러나면 약한 거라고 했어요. 오랫동안 감정 자
체를 억압하는 문화였죠. 우리는 감정을 드러내고 이해하는
교육을 제대로 받아 본 적이 없어요.

윤 선생은 중고등학교 과정에 한 과목 정도 심리학이나
소통 관련 공부를 했으면 좋겠다고 말했는데, 그 제안은 꽤
설득력이 있었다. 다음 중 가장 적절한 대응은 무엇인가라
는 질문에 대한 답하고 외우고 시험을 쳐서라도 배워야 감
정적으로 충돌할 때, 상대를 이해하고 소통하며 해결책을
만들어 갈 수 있다는 것이다. 만약 내가 청소년기에 상대의
마음에 대해, 감정적 갈등을 조정하는 방법에 대해 배웠다
면, 숱한 감정적 시행착오를 조금이라도 줄일 수 있었을 것
같다.

'잘 모르겠지만 너는 그랬을 수도 있겠지'라고 말하는 식으

로 연습해 봐야 하는데 이 준비가 안 돼 있다 보니 감정적으로 충돌하면 해결책을 찾지 못하는 거죠.

우리 시대 사랑에 얽힌 문제에 대한 이야기는 약간 방향을 바꿔 심각한 사회 문제로 떠오른 데이트 폭력으로 나아갔다.

데이트 폭력이라는 단어 자체를 바꿔야 됩니다. 데이트와 폭력은 양립할 수 없어요, 이별 후 폭력 내지는 그냥 폭력이라고 불러야 합니다. 데이트 폭력이라니까 데이트 자체가 무서운 일이 되고, 모험이 되어 가고 있어요.

윤홍균 선생은 데이트 폭력을 나쁜 사람들이 한 나쁜 일이기 때문에 모두 설명할 필요는 없지만 의학적으로 접근하면 일종의 피해 의식이라고 진단했다.

사랑도 이별도 상호작용이에요. 그런데 사랑은 내가 준 것이고 이별을 얘기 들은 것은 내가 뺏긴 거라고 생각하죠. 사랑을 준 것은 일방적인 나, 이별을 통보받은 것도 일방적인 나, 이렇게 여기다 보니 피해 의식으로 이어지고 피해 의식이 폭

력을 낳는 악순환이 되죠. 나는 피해를 봤기 때문에 폭력을
행하지만 가해자가 돼도 된다는 심리가 깔리는 경우들이 있
어요.

선생은 만약 신변이 위협받고 있다고 생각되면 무조건
안전을 최우선으로 생각하라고 조언했다. '내가 너무 예민
하고 까다로운 건 아닐까, 참고 넘어갈 문제가 아닐까' 하고
생각하지 말고 모든 수단을 동원해 안전을 지켜야 한다. 헤
어진 사람에게 연락하는 것도 누군가는 위협으로 느낄 수
있기에 조심해야 할 정도로 이별 후 폭력의 테두리는 점점
넓어지고 있다.

연인이 되려면 두 사람의 동의가 있어야 하지만 이별은 한쪽
에서 선언하면 깨진 커플이에요. 이 사람이 허락해 주지 않아
서 못 헤어진다, 이런 거 없습니다.

사랑에도 기술이 있다

무엇보다 나쁜 관계의 시작인 고립은 절대 피해야 한다.

가장 사적인 마음의 탐색

우리가 소개받을 때 중간에 매개를 해 주는 사람이 나올 수 있잖아요. 헤어질 때도 마찬가지입니다. 둘이서 고립되면 안 됩니다. 나쁜 관계의 시작은 고립이에요. 너와 나랑만 해결해야 돼, 이런 사람들 조심해야 됩니다. 만약 누군가에게 위협받고 있다면 관계가 고립돼 병들어 가기 전에 빨리 누군가에게 이야기해야 합니다. 개방적인 관계를 만들어야 답이 빨리 나옵니다.

사회학자 지그문트 바우만은 '사랑하는 법은 배울 수 없다'고 단언했다.[7] 사랑은 죽음과 같기에 피할 수도, 예측할 수도 배울 수도 없다는 것이다. 그래서 이 사회학자는 사랑을 '훈련된 무능'이라고 불렀다. 아무리 배우고 훈련해도 사랑의 경험은 그다음 사랑에 아무짝에도 쓸모없기 때문이다. 사랑하는 상대가 다르고 시간이 지나면서 지금의 나 역시 이전의 내가 아니니 그의 말대로 사랑은 '훈련된 무능'일 수 있겠다.

하지만 최근 심리학의 흐름은 사랑은 이해할 수 있고 심지어 사랑의 기술을 배워야 한다는 쪽으로 기울고 있다. 이

7   《리퀴드 러브》지그문트 바우만, 새물결

같은 전환에 결정적인 역할을 한 것은 1990년대 초 등장한 기능성 자기공명영상fMRI이다. fMRI는 혈류와 관련된 변화를 감지하여 뇌 활동을 측정하는 기술로 이를 통해 사랑을 과학적으로 볼 수 있게 됐다. 또 신경생물학자들은 모호하고 쉽게 사라져 버리는 감정을 화학적으로 밝히는 작업에 착수해 화학적 작용을 밝혀냈다. 1990년대 들어서는 감정이 심리, 사회, 인류학의 중요 연구 주제로 부각되면서 행복·슬픔·분노·두려움·사랑에 대한 연구가 쏟아져 나오기 시작했다. 그만큼 우리에게 감정이 중요해졌기 때문이다. 이제 사랑은 더 이상 무작위적이고 무의미하고 설명되지 않는 감정이 아니라 논리적이고 지능적으로 인식할 수 있는 감정이 됐다.[8]

'아프냐. 나도 아프다'라는 드라마 속 명대사처럼 사랑하는 사람이 아프면 나도 아프고, 그 사람이 슬프면 나도 슬퍼지는 이유도 알게 됐다. 거울 뉴런의 발견이다. 1990년대 이탈리아 신경 생리학자 자코모 리촐라티Giacomo Rizzolatti는 우리 뇌의 여러 곳에 분포되어 있는 거울 뉴런 때문에 다른 사람의 행동을 보기만 해도 자신이 그렇게 행동하는 것처

---

8   《우리는 사랑에 대해 얼마나 알고 있을까》 수잔 존슨, 지식너머

럼 느낀다는 사실을 밝혀냈다.

　이렇게 사랑을 이해할 수 있다면 사랑도 배울 수 있지 않을까. 사랑을 배워서 보다 좋은 사랑을 할 수 있게 준비할 수 있을까?

　사랑은 나이가 들면 저절로 깨닫고 척척 알아서 할 수 있는 것이 아닙니다. 단시간에 알 수 없어요. 취업을 위해 긴 시간을 준비하고 주식 투자를 하려 해도 공부를 하는데 정작 세상을 살아가는 데 가장 필요한 사랑은 제대로 배우지 못합니다.

　그는 사랑의 기술을 암묵적 기억, 비명시적 기억이라고 설명했다.

　인간 뇌에서 암기는 두 회로로 나뉘어요. 첫 번째는 선언적·명시적 기억입니다. 뭘 물었을 때 단답형 답이 나오는 기억이에요. '미국 초대 대통령은 누구냐, 난중일기를 쓴 장수는?' 하고 물으면 답이 탁탁 나오죠. 다른 하나는 암묵적·비명시적 기억입니다. 자전거 타는 법은 말로 표현하긴 애매한데 있기는 있거든요. 반복을 통해 배워 가는 기술이에요. 사랑의 기술은 암묵적인 기억에 속합니다. 이렇게 해 보고 저렇게 해

보며 나는 이런 사람인 줄 알았는데 저런 사람이구나 알게 되고 이 사람도 만나 보고 저 사람도 만나 보면서 나와 어울리는 사람을 알아 가죠. 시행착오를 겪고 갈등을 수습하면서 인간관계가 점점 깊어지는….

그는 사랑의 기술을 요리에 비교했다. 누구나 요리사처럼 잘할 수는 없지만 일상적으로 먹고 살 정도는 되듯이 사랑도 노력하고 훈련하면 자기 삶을 꾸려 갈 정도는 된다.

그렇다면 사랑의 기술은 구체적인 어떤 것일까. 윤홍균 선생은 우리가 사랑을 위해 배워야 하는 기술을 다섯 가지로 정리했다. 친밀력, 거절력, 대화력, 사과력, 지속력이다. 단어의 이름만으로도 짐작 가능한 기술이다. 시작은 친밀력이다.

일단 친해져야 합니다. 인간관계는 전혀 모르는 단계에서 지인 단계로 갑니다. 지인은 평소 교류가 없지만 아는 사람이죠. 그 지인 중 일부가 친구가 되고, 그중 한 명과 연인이 되고, 연인 중에서 끝까지 가겠다, 그게 배우자이죠. 물론 중도 해지되는 경우도 있지만 사랑으로 가기 위해서는 일단 친해져야 해요. 친밀력이 기본으로 깔려 있어야 되죠. 친해졌으면

가장 사적인 마음의 탐색

대화를 해야 합니다. 소통할 수 있는 대화력이 필요합니다.

하지만 친밀력이 좋다고 이 사람 저 사람에게 남발해서는 안 된다. 미묘한 '사랑과 우정 사이'의 결정적인 차이라면 우정은 여러 사람과 동시에 나눌 수 있지만 사랑은 그렇지 않다는 것이다. (물론 부모의 사랑이나 인류애는 무한대이지만) 사랑을 잘하려면 거절도 잘해야 된다. 이 사랑을 하려면 저 사랑은 거절해야 한다. 사람뿐 아니다. 일 중독이나 모든 일에 간섭하는 오지랖에도 스스로 절제하는 거절력을 발휘해야 한다. 또 사랑하는 사이에도 잘못하는 일은 생길 수밖에 없기에 사과력도 필요하다. 윤홍균 선생은 많은 사람들이 친해지고 거절하고 대화하는 것까지는 잘하는데 잘못했을 때 사과하는 법을 몰라 위기를 겪는다고 말했다. 자신의 잘못을 인정하는 사과는 언제나 쉽지 않다. 그리고 이 네 가지 능력을 계속 유지·발전시키는 것이 유지력이다.

지금 사랑하고 있는 분과 잘 안 될 수도 있고 헤어질 수 있어요. 그런데 유지력은 무언가를 더 이상 못 할 거 같은데 조금 더 할 때 생겨요. 헬스 클럽 트레이너들이 이러잖아요. 셋, 둘, 하나, 라스트 하나 더, 이것만 더, 원 모어! 사랑도 마찬가지

예요. 어차피 헤어질 인연이면 끝까지 못 가요. 그래도 한 번 더 힘을 내서 이해하고 사랑해 보는 건 결국 나의 지구력을 높이는 데 도움이 됩니다.

자신의 방어 기제를 파악하라

사람은 누구나 완벽하지 않고 부족한 점이 있기 마련이다. 친밀력 있는 사람들은 대화는 잘하지만 거절을 못 해 문제가 생기기 쉬운 반면 잘 거절하는 사람은 대화나 친밀력이 부족하기 쉽다. 어떤 사람은 시작은 잘하는데 유지를 못해 빨리 포기한다. 왕도는 없다. 이 다섯 가지 사랑의 기술 중에 스스로 무엇을 잘하고 무엇이 부족한지, 어떤 것은 쉽고 어떤 것은 어려운지, 생각해 보고, 그걸 채워 나가는 것 자체가 사랑의 기술을 배워 나가는 과정이다.

여기에는 자신의 방어 기제를 살피는 일도 포함된다. 방어 기제는 감정적인 상처로부터 자신을 보호하기 위해, 힘들 때마다 반복적으로 나오는 심리 의식이나 행동이다. 어떤 사람은 스트레스를 받으면 화를 내고 목소리를 높이고 어떤 사람은 입을 다물고 말을 하지 않는다. 이 방어 기제가 굳어 습관이 되고, 습관은 성격이 된다. 만약 성격을 바꾸

가장 사적인 마음의 탐색

고 싶다면 거꾸로 습관을 바꾸고, 습관을 바꾸고 싶으면 방어 기제를 살펴야 한다. 사랑이라고 다르지 않다. 아주 내밀한 감정 교류가 이뤄지는 사랑에선 방어 기제가 보다 더 직접적으로 부딪힌다. 우리가 흔히 '성격 차이로 헤어졌다'고 말하는 건, 서로의 방어 기제가 부딪혀 견디지 못한 경우일 때가 많다.

나는 어떤 사람인지, 스트레스를 받으면 어떻게 행동하는지 곰곰이 생각해 본다. 내 방어 기제로 인해 상대뿐 아니라 나 스스로 괴로워질 때가 많다. 우리는 흔히 자기 얼굴을 잘 모른다. 우연히 찍힌 스냅샷을 보고 놀랄 때가 많다. '내가 이런 표정을 짓고 있구나' 하고 흠칫 깨닫는다. 우리는 남만큼도 자기 자신을 모르는 것 같다. 그러니 자신의 방어 기제를 알아차리고 다듬어 나가야 한다. 그것이 좀 더 성숙한 사람이 되는 길이다. 성숙한 사람은 좋은 사랑을 할 수 있다. 자기 삶의 선순환 사이클을 만드는 일이다. 이것이야말로 우리가 삶에서 거둘 수 있는 아름다운 성공이다. 반대로 참기 어려운 상대의 행동도 그 자신을 지키기 위한 방어 기제라고 생각하면 좀 다른 시선으로 보고 대응할 수 있다.

가만히 있어도 멋진 사람이 나를 사랑해 줄 거라는 판타지에 빠져 있다 보면 노력을 안 하게 되요. 그런데 막상 (사랑의 기술을 배우려는 노력을) 시작하면 기분이 좋아지고 잘되고 있다는 느낌이 들어요. 돈 드는 것도 아니고 조금만 바꾸면 보람 있는 결과가 기다리고 있으니 그렇게 변화를 시작해 보면 좋겠어요.

여기서 또 하나. 우리가 배워야 하는 사랑의 기술이 있다. 사랑과 짝을 이루는 이별이다. 아무리 깊고 뜨겁고 영원한 사랑도 죽음을 넘을 수 없다는 것을 생각하면, 모든 사랑은 모두 이별한다. 우리가 할 수 있는 건 좋은 이별을 하는 것뿐이다. 평생 죽음을 연구한 스위스 태생의 정신과 임상의 엘리자베스 퀴블러 로스는 사랑하는 이를 떠난 보낸 뒤의 애도 과정을 '부정-분노-협상-우울-수용'으로 정리했다. 보낼 수 없다고 부정하다 받아들이게 되는 과정이다. 윤 선생은 미리 건강한 이별, 바람직한 이별에 대한 어느 정도의 이미지를 갖고 있어야 한다고 충고한다. 우리가 흔히 이별하며 떠올리는 울고불고 식음을 전폐하고 집착하는 장면은 바람직하지 않은 이미지라고 했다.

진짜 사랑했으면 이별도 그만큼 아파야 한다며 세상이 끝난 것처럼 괴로워하는 잘못된 청사진을 가지고 있으면 아무리 노력해도 그대로 따라갈 확률이 높아요. 마음속에 건강한 이별의 상을 가지고 있어야 합니다. 저는 덕담하는 이별을 생각해요. 헤어지는 건 아픕니다. 그런데 상처를 주고 할퀴고 하면 이별이 더 힘들어지죠. 이별이 아프지만 헤어지는 날이 온다면 좋았던 점과 고마웠던 점에 대해 이야기하고 행복하게 살았으면 좋겠다며 헤어지는 게 좋죠. 다음 사람을 만나서 성숙한 사랑을 하는 데도 도움이 되고요.

선생은 사랑과 이별을 다리 놓기와 다리 철거하기에 비유했다.

사람들은 섬이에요. 저마다의 섬에서 살고 있어요. 사랑은 다리를 놓는 거예요. 내 다리를 반 놓고 상대 다리를 반 놓는. 그런데 이걸 철거하려니 무섭죠. 그러니까 철거 공사 전에 공고문을 붙이듯 미리 언질도 주고 마음의 준비도 시켜 놓고 덕담하면서 헤어져야 합니다. 헤어지고 난 다음에 어떻게 살아갈까에 대한 계획도 잡아 놓는 게 좋겠습니다.

안타까운 일인지, 다행스러운 일인지 우리 뇌는 이별 뒤

곧 다음 사랑을 맞을 준비에 들어간다. 뇌에서 사랑의 금단 현상은 2주 정도에 불과하다는 것을 알고 깜짝 놀랐다. 누군가와 헤어져 죽을 것 같은 마음도 2주 정도 지나면 잦아든다는 것이다. 사랑이 이렇게 짧은 시간에 정리 단계에 들어간다니 좀 허망하다. 어쩌면 사람들은 이별이 너무 아프고 힘들어 빨리 잊어 버리도록 진화했는지도 모르겠다.

그래서 2주가 넘고 한 달이 되고 1년이 지났는데도 그 사랑을 못 잊어서 죽을 것 같다면 이별과는 상관없는 다른 문제일 수 있다. 신경 호르몬인 세로토닌은 아픔과 괴로움을 완충시켜 주는데 고통이 완충되지 않는다면 생물학적으로 문제가 생긴 경우일 수 있다는 것이다. 그러니 흔히 생각하듯 많이 아파할수록 진한 사랑이고 고통스러울수록 깊은 사랑인 것은 아니다. 김광석의 노래처럼 '너무 아픈 사랑은 사랑이 아닐 수' 있다. 이별을 애도하되, 너무 겁내지 마시길.

신경 화학 물질까지 끌어와 이별을 두려워하지 말라고 했지만 세상에 미련을 접고 포기하는 것만큼 어려운 일도 없다. 그 어쩔 수 없는 포기라면 영화 〈내 남자 친구의 결혼식〉의 줄리엔이 떠오른다. 요리 평론가 줄리엔은 오랜 친구 마이클의 결혼 소식을 듣자 그를 사랑한다는 것을 알게 된다. 서로 스물여덟 살까지 결혼할 사람이 없으면 결혼하자

가장 사적인 마음의 탐색

고 이야기했던 마이클이었다. 어떻게든 결혼을 막기 위해 온갖 소동을 벌이지만 소용없다. 결국 직장 상사이자 친구인 존의 충고대로 마이클에게 마음을 고백하고 (어쩌겠는가 고백이라고 해야지) 신부 들러리가 된다. 결혼식 피로연이 끝난 뒤 홀로 있는 줄리엔을 찾아온 존은 이렇게 말한다.

"인생은 멈추면 안 돼."

어쩔 수 없이 포기해야 하는 순간이 있다. 실패나 패배가 아니라 더 이상 할 수 있는게 없다는 사실을 받아들이는 것이다. 그런 때라면 제대로 포기하는 것이야말로 최고의 선택일 수 있다. 존의 말처럼 세상이 끝날 것 같아도 우리에게는 살아내야 할 삶이 있기 때문이다.

사랑은 드라마처럼 진공 상태에서 벌어지는 허구의 판타지가 아니다. 또 나 혼자가 아니라 상대와 함께 만들어 가야 하기에 내 맘대로 되지 않는다. 자신을, 상대를, 관계를 생각하고 배우며, 실패하고 좌절하더라도 다시 나아가야 한다. 그래서 윤 선생은 사랑을 하려면 운동부터 하라고 충고한다. 사랑도 다름 아닌 체력전이기 때문이다.

최대한 힘을 발휘하세요. 곁에 있는 사람을 소중히 여기고, 이해하고, 연인을, 친구를, 가족을, 또 내 하루를 사랑하세요. 완벽한 사랑은 없어요. 그때그때 최선을 다해 사랑하는 수밖에. 할 수 있는 한 최대치로 사랑하기를 바랍니다. 인생을 살면서 아껴 둬야 할 것도 있지만, 하얗게 태워 버리는 게 훨씬 나은 것도 있어요. 사랑이 그래요.

인간 역사에서 수백만 년을 함께해 온 사랑이 어느 때보다 어렵고 위태롭다. 그래도 우리가 할 일이란 몰아치는 모든 것을 뚫고 물살을 거슬러 올라가 사랑을 향해 헤엄쳐 가는 것이다. 손톱만큼도 손해보지 않으려 손익을 따지며 재지 말고, 내가 더 사랑할까 두려워 도망가지 말고 자신과 상대를 헤치는 사랑이 아니라 어떤 의미로든 서로를 구하는 사랑을 향해. 힘을 다해 보는 것이다. 가능한 힘껏.

나는 여전히 하루키의 소설 《1Q84》 속 대사를 믿는다. "단 한 사람이라도 진심으로 누군가를 사랑할 수 있다면 인생에는 구원이 있어."

함께하면 좋은 노래와 책

사랑이 올까요 박정현 노래 | 이희승 작사 | 이현정 작곡

노래의 힘은 큽니다. 슬프고 쓸쓸하고 힘들 때, 노래는 우리를 위로하죠. 윤홍균 선생은 사랑한 사람과 헤어지고 아플 때, 노래를 듣는 것이 도움이 된다고 했습니다. 이별한 사람들을 위해 윤 선생은 〈사랑이 올까요〉를 추천하며, 이렇게 말합니다.

"이별을 하면 사람들은 '과연 나한테 사랑이 다시 올까'하는 불안에 휩싸입니다. 누군가를 사랑하고 설레고 보고 싶은 마음이 다시 생길까, 하는 걱정이죠. 혹시라도 상처받은 영혼이 돼 평생 괴롭고 아프지 않을까 하는 막연한 두려움에 괴롭습니다. 이럴 땐 노래가 위로가 됩니다."

노래 가사에서 보듯, 좋은 사랑을 하는 것만큼 좋은 이별을 하는 것도 중요합니다. 잘 이별해야 더 좋은 사랑을 준비할 수 있죠.

동경만경, 분노 요시다 슈이치 지음 | 이영미 옮김 | 은행나무

사랑에 대한 이야기는 넘쳐납니다. 하지만 '사랑'이라는 단어를 생각하면 요시다 슈이치의 소설《동경만경》이 떠오릅니다.

소설의 두 주인공은 1킬로미터 남짓의 도쿄만을 사이에 두고 살고 있습니다. 남자는 도쿄만 부두 노동자, 여자는 건너편 오다이바 고층빌딩의 대기업 직원이죠. 전혀 다른 세계를 살아가며 평생 만날 일 없을 것 같은 둘이 사랑에 빠지지만 이들은 사랑을 믿지도 인정하지도 않습니다. 소설의 마지막, 남자는 여자에게 전화를 걸어 자신이 만약 도쿄만을 헤엄쳐 당신이 있는 곳으로 간다면 영원히 사랑해 주겠냐고 묻습니다. 여자의 대답은 '좋아. 약속할게.' 이 장면이야말로 사랑의 정의 같습니다. 많은 것을 감수하고 감내해야 할 것을 알면서도 뛰어

드는, 그렇게 힘껏 상대에게 가닿겠다는 의지죠.

슈이치의 또 다른 작품인 《분노》도 사랑 이야기입니다. 부부 참살 사건이 벌어진 지 1년 후. 범인은 성형을 하며 계속 도주 중인데 매스컴을 통해 보도되는 범인에 대한 정보 때문에, 등장 인물들은 자신이 사랑하는 사람이 혹시 그 범인이 아닐까 의심하기 시작합니다. 사랑의 밑바닥에 자리한 믿음에 대해 다시 한번 생각하게 합니다. 사랑엔 뜨거운 열정만큼이나 서로에 대한 단단한 믿음이 있어야 하니까요.

가장 사적인 마음의 탐색

5장

나르시시즘

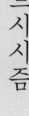
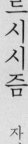
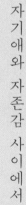

자기애와 자존감 사이에서 비틀거리다

행복해야만 하고, 자기애는 충만해야만 하고, 자존감은 높아야만 하고….
SNS가 일상인 시대라 그냥 그렇게들 보고 넘기지만, 이거 너무 이상하지 않나요?

나 자신에게 거리를 둬야,
인간이 보입니다

소설가 정유정의 나르시시즘 탐색

박동미

인류가 역사상 지금처럼 '나 자신'과 가까운 때가 있었을까. SNS에는 실시간으로 셀카가 올라온다. 내가 나를 향해 웃고, 내가 나를 사랑스럽게 바라보고, 내가 직접 날 찍는다. '나'는 내 얼굴만이 아니다. 때로 그것은 몸이고, 돈이고, 집이고, 옷이며, 어떤 식으로든 이상적으로 미화된, 부풀려진 '자아'의 표상이다. 그리고 남들이 보게 될, 내가 보여 주고 싶은, 그러나 그게 진짜 나인지는 모를, '나'이다. 즉 '셀피'는 자기애 과잉과 자존감 중독의 시대를 단적으로 보여 주는 행위다. 소설가 정유정은 이제는 너무나 익숙해져 버린 이 풍경을 줄곧 의심해 왔다. 최근 많은 학자들이 감지하고 경고하고 있는 것처럼 오래전부터 위험한 징후라 여겼다. 그리고 쓰기 시작한 소설이 자기애성 성격 장애를 지닌 인물이 비뚤어진 방식으로 자신을 사랑하고 자신의 행복을 추구할 때, 어떤 결과가 오는지를 이야기하는 《완전한 행복》이다.

지나치게 강박적이라고 느꼈어요. 행복해야만 하고, 자기애는 충만해야만 하고, 자존감은 높아야만 하고…. SNS가 일상인 시대라 그냥 그렇게들 보고 넘기지만, 이거 너무 이상하지 않나요? 특히 코로나라는 특수한 상황을 맞으면서, 이 수상쩍은 분위기는 더 확연해졌어요. 집단적인 자기애도 보이고, 타인은 전혀 고려하지 않는 개인주의가 너무 강하게 감지되더라고요. 그래서 나르시시스트와 그가 추구하는 빗나간 행복의 방식에 대해 한번 이야기해 보고 싶었어요.

언제부턴가 우리는 자기애와 자존감은 긍정적인 것으로, 이것의 부족이나 하락은 부정적인 걸로 여겨 왔다. 열풍이라 할 수 있을 정도로 자존감은 사회, 문화적으로, 그리고 자연스럽게 산업적으로도 시대의 키워드가 됐다. '자존감 개념의 아버지'로 불리는 미국 심리학자 너새니얼 브

가장 사적인 마음의 탐색

랜든이《자존감의 여섯 기둥》에서 '나를 사랑하는 법'에 대해 설파한 후, 국내에서도 너도나도 자존감을 외쳐대기 시작했다. 뒤이어 출간된 국내 서적《자존감 수업》은 밀리언셀러가 됐고, 서점가엔 외모를 가꾸는 것, 공부하는 것, 일하는 것 등 우리의 모든 것을 '자존감'과 연결한 책들로 넘쳐났다. 이 책들은 우리가 지금 기분이 좋지 않고, 불행하다고 느끼는 이유가 대개 자존감이 낮아서이며 이를 회복하면 나아질 거라고, 종국에는 행복해질 거라고 속삭인다. 자존감을 높이고, 나의 가치를 스스로 평가하고, 자신을 사랑하라고 하니, 언뜻 다정하고 아주 달콤한 말이다. 그러나 브랜든에서 시작해 미국을 비롯하여 전 세계를 휩쓴 '자존감 운동'은 사회적인 문제의 원인을 개인의 '낮은 자존감'으로 귀결시키고, 마음먹으면 뭐든 할 수 있다며 긍정의 힘을 맹신하게 했다. 또 나르시시즘을 유발해 자기중심주의, 물질주의, 공격성, 배려와 공감력 부족 등 여러 사회 현상을 야기하기 시작했다.《완전한 행복》에서 주인공이 가장 가까운 사람들을 고통과 파멸로 몰아넣게 되는 원인 또한 결국 그의 마음, 그러니까 지나친 자기애와 높은 자존감에서 출발했다는 건 그래서 더 의미심장하다.

오늘도 무의식중에 우리는 '완벽한 자아'를, '완전한 행복'을 상상하고 연출한다. 하지만 그럴수록 현실과의 차이만 확연해지고 우울해지며 불행한 기분이 들기도 한다. 괴리감이 자해나 폭력, 극단적으로는 자살까지 유발한다는 걸, 이미 많은 연구와 분석이 이뤄지고 있다. 전 세계적인 '셀피 현상'의 원인이 사실은 자존감을 지나치게 강조해온, 지난 수십 년의 교육과 문화 속에 있다고 주장하는 책 《셀피》는 우리가 완벽주의 시대를 살아가고 있으며 이 완벽주의는 우리 목숨을 앗아가는 생각이라고까지 말한다.

또, 미국의 교육심리학자인 미셸 보바는 《셀카에 빠진 아이, 왜 위험한가》에서 '오늘날 우리는 역사상 가장 똑똑하고 자신감 넘치는 아이들을 길러내고 있을지는 모르나, 이 아이들은 그 어느 때보다 가장 자기중심적이며 가장 개인주의적이라는 점 또한 분명하다'고 경고한다.

정 작가는 많은 것들이 재설정되어야 한다고 강조했다. 자기애와 자존감이라는 개념뿐만이 아니라 행복도 마찬가지다. 그는 행복은 실체가 없는 순간의 경험에 불과하다며 "행복이 삶의 목적이 되면서 삶에 대한 우리의 가치 체계가 흔들리고 있다"고 했다. 자신과 거리를 두지 못한 인간은 자신을 너무 사랑하고 말았으며 '나는 행복해야 해'라고 하다가, 어느 순간 점점 '나만 행복하면 그만이야'라는 상태

가장 사적인 마음의 탐색

로 치닫고 있다는 것이다.

인간은 사실 행복하도록 진화되지 않았어요. 그저 생존하도
록 진화되었거든요. 여기서 생존한다는 건 오로지 먹고사는
것에만 매달린다는 의미가 아니에요. 삶을 어떻게 얼마나 충
실히 살아내느냐 하는 문제예요. 행복은 그 생존의 과정에서
어느 순간 선물처럼 왔다가, 다시 금방 지나가죠. 그러니까
절대 목적이 될 수 없어요.

또한 정 작가는 실체 없는 행복에 대해 논하기 전에 나 자
신이 불완전하다는 걸 받아들이고, 우리 삶이 불완전하다
는 걸 인정해야 한다고 했다. 그래야 자기애, 자존감, 자기
과시 등에 매몰되지 않을 수 있다는 것이다. 그렇게 나 자신
에게서 한 발 떨어져야 '지금 우리 인생에, 내 자신에게 가
장 중요한 가치는 무엇일까' '어떻게 살아 나가야 할까'를
질문할 공간을 마련할 수 있다.

나를 너무 사랑하지 말라

아무리 노력해도 잘 못 하는 것도 있고, 절대 숙달할 수 없는 어떤 삶의 방식이 있다. 우리가 스스로와 사랑하는 사람들에게 하는 많은 약속과는 무관하게, 우리가 갖고 싶어도 가질 수 없는 개인적 자질이 있다.

《셀피》, 윌 스토

아주 지독한 나르시시스트가 아닌 담에야 우리는 자신이 완벽하지 않다는 걸 본능적으로 안다. 하지만 그 불완전성을 받아들이는 건 다른 문제다. 사회는 자꾸 이상적인 모델을 제시하고, 우린 상상한다. 그 이상에 가까이 가 있는 자신을. 그것이 나이고, 자존감이 높아진 나이고, 내가 사랑할 나인 것이다. 《셀피》의 저자 윌 스토Will Storr는 '원한다면 뭐든 될 수 있다'는 우리의 문화 속에 깊게 뿌리 박힌 이 격언 아닌 격언이 자꾸 우리를 꿈꾸게 한다고 지적한다. 우린 이 꿈에 마음을 쏟고, 몹시 원하게 된다. '가능하다'는 말도 안 되는 메시지가 영화관, 뉴스, 소셜 미디어, 광고, 자기 계발서, 교실, 텔레비전 등 우리 환경 모든 곳에서 24시간 가동되고 있어서다. 어느새 우리는 이것을 내면화해 자의식에 편입시키고, 개인의 영웅 서사를 만들려고 한다. 스토는 이것을 '완벽주의 시대의 본질에 있는 음흉한 거짓말'이라고, 이것이 수많은 불행의 원인이라고 단언한다.

완전은커녕 우린 결점과 단점이 너무 많아요. 살면서는 '흑역사'도 자꾸 생기죠. 많이 생기죠. '이불킥' 안 해 본 사람이 있나요. 그런데 그것도 '나'라는 걸 받아들여야 하거든요.

정 작가는 '나'를 너무 사랑하려 들지 말고, 그저 '나'를 믿으라고 조언했다. 자존감은 애써 높이는 게 아니라, 하루하루 조금씩 쌓아야 한다는 것이다. 그렇게 해야 진정한 자기애가 형성된다.

많이 알려져 있다시피 제가 신춘문예를 열한 번 떨어졌어요. 그리고 열두 번째에 당선됐죠. 그때나 지금이나 저는 늘 결핍과 패배감을 느껴요. 작가로서 재능도 부족한 것 같고, 표현하고자 하는 게 단 한 번도 한방에 나오는 법이 없어요. 저는 소설을 항상 안달복달하고 애면글면하면서 쓰는 작가입니다. 그럴 때마다 '아, 나는 이 세상을 겨우 가는 사람 같다'고 생각하곤 해요.

그런데 사실 정 작가는 스스로를 자존감도 낮고, 운도 좀 없는 편이라고 보고 있다. 정 작가는 작가의 길을 걷기 시작하면서 줄곧 함께해 온 결핍과, 불운을 그대로 받아들였다. 굳이 자신을 포장하지 않는다. 안달복달하고 애면글면했다. 그렇게 글을 쓴다는 건 무척 버겁고 고통스러운 일일 것이다. 그러나 정 작가는 '괜찮다'고 했다. 그는 "한탄하기 시작하면 굉장히 불행하게 느껴지겠지만 '애면글면해서라도 얻어지는 게 어디야'라고 생각한다. 그러면 또 괜찮아지는 법이다"고 했다. 정 작가는 그렇게 결핍과 불운을 극복해 나간다고 했다. 글 쓰는 일을 사랑하기 때문이다. 사랑하는 일을 정말 열심히 하는 게, 자신을 진짜 사랑하는 방법이니까.

노력해서 무언가를 얻으면 무의식 어느 한 편에 자신감도 생기고, 이런 경험들이 마음에 쌓이면서 그 결핍들이 조금씩 극복되는 것이죠. 이건 낙관이나 비관도 아니에요. 그냥 받아들이는 것에서 시작해요. 자기가 정말 좋아하는 것에 자신이 가진 모든 에너지를 쏟아붓는 것. 그걸로 우리는 어쩔 수 없이 존재하는 결핍과 불운, 불완전성을 이겨 나가는 겁니다.

불완전성을 인정하지 않고, 과도하게 자기 자신을 포장하면 결국 비뚤어진 자기애에 빠진다. 정 작가의 소설《완전한 행복》에서 자기애성 범죄를 저지르는 주인공 유나처럼 말이다. 목적을 위해 수단 같은 건 상관없어진다. 내가 세상의 중심이고, 나만 행복하면 되니까. 극단적이고 병적인 나르시시스트였던 유나와 우리는 과연 얼마나 다른가. 자기 앞에 놓인 모든 불편한 요소들을 제거하며 그것이 행복이라고, '행복은 뺄셈이야'라고 말하는 모습에 정말 우리는 조금도 겹쳐지지 않는가.

정 작가는 결핍과 불운을 인정하고 극복하기 위해선 실제적인 성취 과정이 반드시 필요하다고 했다. 이때 성취는 크고 대단하고, 주변에서 박수를 치거나 사회적으로 주목받는 그런 것이 아니다. 정 작가처럼 애면글면 글을 쓰면서 발견할 수 있는 어떤 마음이다. 그 속에 조용하지만 꾸준히 쌓이는 보이지 않는 결과물이다. 예를 들면, 우리는 가고 싶은 대학을 정하고 열심히 공부한다. 영어 교사가 장래희망이기 때문에 해외로 어학연수를 가 본다. 혹은 몸무게 감량을 목표로 세운 후 매일 꾸준히 달리기를 한다. 그리고 그 대학을 못 가도, 중간에 장래희망이 바뀌어도, 생각만큼 몸무게가 줄지 않았어도, 그 과정에서 스스로 결심하고 선택하고 실행했다는 것이 성취다. 즉 성취란 과정 자체이고, 그 속에서 흔들리지 않고 비뚤어지지 않은 자존감이 만들어질 것이다.

원하는 걸 성실하게 수행해 나가는 것. 자신이 세운 이상적인 미래를 위해 매 순간 충실한 것. 그게 자존감이죠. 남들이 볼 때 조금 초라해 보일지 몰라도, 내가 한 발 한 발 내딛고 있다는 걸 내 자신이 알면, 누가 비웃든 말든 신경 쓸 이유가 없죠. 어차피 사람은 완성형이 아니라, 완성해 나가는 것이고, 결국에 완성될 수도 없거든요.

K-스릴러를 대표하며 출간하는 책마다 베스트셀러가 되는 그 자체가 대단한 성취로 보이지만, 정 작가에게는 그저 매일 부족함과 불완전을 받아들이고 노력해 온 시간이었다. 그렇게 꾹꾹 밟아온 걸음걸음이 소설이 돼 독자들에게 가닿았다. 정 작가는 자존감이 낮은 게 오히려 약이 됐다며 스스로 자존감이 낮다고 느끼는 사람들이 있다면, 너무 시무룩하지 않았으면 한다고 말했다. 나아가 '평생 자존감이 낮은 채로 살아서 그런지, 자존감이 높아야만 한다고 말하는 사회가 나는 마음에 안 든다. 내가 아는 자존감이 낮은 사람들

은 배려 깊고 유연하고 섬세한 경우가 많다'며 웃었다.

결론적으로 자존감이 '높다 낮다'를 '옳다 그르다' 혹은 '좋다
나쁘다' 식으로 말할 수도 없는 거겠죠. 분명한 건, 자존감을
하루하루 쌓아 가는 그 과정에서 더 풍요로운 인생을 경험하
게 된다는 것뿐입니다.

내가 원하는 걸 정확히 알기

소설가라면, 그러니까 예술가라면 당연히 자신감이 넘칠
줄 알았다. 자신이 만들어 내는 세계에 대한 믿음과 자신이
쓴 글에 대한 사랑… 그런 것들이 글을 쓰는 데 큰 힘이 되
지 않을까. 자연스럽게 자존감은 높아지고 자기애도 충만
하지 않을까. 그런데 정 작가는 이미 자신의 결핍과 불운을
말하며 낮은 자존감을 고백했고, 그것이 자신의 글쓰기 인
생을 더 풍요롭게 해 준다고 했다. 그리고 작가를 이끄는 힘
은, 자존감이나 자기애가 아니라 '순수한 욕망'이라고 했다.
글을 쓰고 싶다는 마음, 소설을 완성하고 싶다는 마음. 아마
도 이것은 '자유의지'의 다른 말일 수도 있겠다. 무언가를
진심으로 좋아할 때 생겨나는 아주 근원적이고 순수한 힘

과 열정 같은 것 말이다. 정 작가는 '자신이 이 이야기를 반드시 만들겠다는 욕망, 어떤 세계를 구현하고 그 안에 인물들을 배치하고 하나의 이야기를 완성하겠다는 욕망으로 글을 쓴다. '나는 할 수 있어!'와 같은 자신감은 글을 쓰는 동력이 될 수 없으며, 무엇보다 그런 자기애에 빠지지 않기 위해 경계한다.

예술가의 자존감은 자칫 안하무인을 만들 수 있어요. 그 예술 세계엔 반드시 문제가 생기겠죠. 소설가가 자신의 글을 객관화해서 보지 못하는 순간 글은 편협해질 거예요. 그것은 무대 안에만 머무는 일이고, 무대 밖 감독의 역할을 할 수 없게 돼요. 또 과거의 성공에 미련을 못 버리고 계속 비슷한 타입의 이야기만 하게 될 수도 있고요. 작품의 질은 떨어지고, 하락의 길을 걸을 가능성이 높죠.

정 작가는 그래서 소설을 쓸 때마다 하나씩 자신에게 미션을 부여한다. 작가로서 편협해지지 않기 위해, 작품 세계를 망가뜨리지 않기 위해, 그리고 작가로서 한 계단을 더 오르기 위해…. 그는 소설 쓰는 일을 저 앞 모퉁이를 향해 가는 것으로 설정한다. 그리고 오로지, 눈앞에 보이는 저 모퉁이를 돌겠다는 일념으로 열심히 달리는 것이다. 모퉁이를 돌면 다시 원점이다. 그다음 소설은, 또 다른 모퉁이를 향해 가는 일이다. 여기서 중요한 건, 늘 똑같은 모퉁이가 아니라는 것이다. 한 번도 가 본 적도, 본 적도 없는 새로운 모퉁이다. 정 작가에겐 반드시 완수해야만 하는 미션이고, 그건 언제나 고통스럽고 힘들다. 하지만 그는 이 모퉁이 돌기를 통해 맨 처음의 마음, 신인 작가일 때의 자세를 되찾는다고 했다.

작가로서 딜레마와 매너리즘에 빠지지 않기 위함이고, 그건 결국 자기애에 빠지지 않는 방법이 되는 거죠. 그리고 이 과정을 반복하며 조금씩 작가로서 발전하고 있다고 믿어요. 한 번에 혹하고 굉장한 작가가 될 수 있는 그런 길은 없으니까요.

엄밀히 말해 의학적인 진단을 받는 자기애성 성격 장애 환자는 인구의 0.5~2.5퍼센트에 불과하다. 그러나 책《가까운 사람이 자기애성 성격 장애일 때》에 따르면 일상에서 강한 자기애성 성격을 보이는 사람, 즉 우리가 '저 사람은 나르시시스트야'라고 부를 만한 사람의 숫자는 공식적인 환자의 숫자보다 훨씬 더 많다. 저자인 독일의 임상심리학자, 우도 라우흐플라이슈Udo Rauchfleisch는 학파에 따라 나르시시즘에 대한 의견도, 치료 방법도 차이가 크다고 말한다. 그만큼 복잡하고 어려운 개념인데 흥미로운 건 다른 정신 장애와 달리, 자기애성 성격 장애는 사회학적 관점에서까지 다뤄진다는 점이다. 많은 학자들이 나르시시즘을 우리 시대의 주요 신경증으로 본다. 현대인의 불안이 나르시시즘적 보상을 원한다는 주장도 있다. 심지어 나르시시즘을 전염병으로 보는 시선도 있다. 나르시시즘이 사회를 구성하는 전반적인 관계에 바이러스처럼 퍼지고 있다는 뜻이다. 그리고 여기엔 백신도 없다.

자기애 과잉의 시대에서

개인의 의학 진단이 사회 전체로 확장된 자기애 과잉의 시대이다. 정 작가는 한국 사회 특유의 집단적인 현상으로서의 나르시시즘도 포착했다. 우리 사회 전반에 만연한 '내로남불' 문화를 지적한 것이다. '나는 되고 너는 안 된다' '나는 옳고 너는 그르다' 식으로 편을 가르는 것도 일종의 집단 나르시시즘이라고 했다. 우리 집단의 말이 맞고, 내 편은 뭘 해도 되지만 남의 편은 뭘 해도 안 된다. 그게 요즘 우리의 모습 아닌가. 정 작가는 한국 사회가 '다이내믹 코리아'

가장 사적인 마음의 탐색

라는 별명답게 어떤 개념이 형성되는 과정도 무척 빠르고, 그래서인지, 아니면 그러기 위해선지 아주 분명한 것만 선호하는 경향도 있다고 했다. 그는 "흑백논리를 지향하는 건 인간의 본능에 가까운데, 우리 사회에서는 그게 굉장히 강하게 발현되고 있고, 요즘은 일상의 편 가르기가 정착된 느낌이다"라고 말했다.

흑과 백이 겹쳐진 회색을 보려는 노력이 필요해요. 그런데 우리 사회는 회색 지대에 있는 사람을 용인하지 않죠. 우리 편이 아니면, 나와 의견이 다르면, 나에게 저항하면, '적'으로 간주해요. 세대 갈등이나 남녀 갈등도 전부 나랑 다르면 반대편이라 생각하니까 점점 심각해지는 거 아닐까요. 우린 점점 더 사람을 발라내고 있어요. 온 사회가 '덧셈'이 아닌 '뺄셈'을 하고 있는 셈이죠. 자기 세계 안에만 살면 갈등 해결의 실마리를 찾지 못해요. 이러다 인간들이 전부 '섬'처럼 살게 되는 건 아닐까요.

정 작가는 사회가 이렇게 된 원인 중 하나로 한국 특유의 교육 제도와 문화를 꼽았다. 가정에서는 아이들을 '너는 특별해' '네가 주인공이야' 하며 키우고, 입시 위주로 돌아가

는 학교에선 제대로 된 토론 훈련이 이뤄지지 않는다. SNS
에는 자기가 자기를 마주하고 찍은, 자기애가 넘치는 사진
들이 매일 올라오고, 미디어는 자존감과 자기애를 큰 덕목
인 양 부추긴다. 서점가에는 주식뿐만 아니라 사람도 이득
이 되지 않거나 싫으면 빨리 끊어 버리라고, '귀찮으면 아무
것도 하지 말라'고 '너는 너무 소중하다'고 '다 괜찮다'며 불
편하고 어렵고 싫으면 만나지 말고 보지 말고 하지 말라고
조언하는 책들로 넘친다. 한마디로 '손절'을 권하는 사회인
것이다. 그게 일이든 사람이든. 정 작가는 이를 두고 '머리
가 아픈데 이마에 요오드를 바르고, 배 아픈데 배꼽에 반창
고를 붙이는 처방'이라고 했다.

'괜찮아, 괜찮아' 하는 말이 언뜻 들으면 맞는 것 같은데, 돌
아서서 생각해 보면 뭘 먹었지, 이제 뭘 할 수 있지? 생각하
게 돼요. 개선해 보려는 노력, 조화를 이루려는 과정이 먼저
지, '손절'이 이렇게 쉬운 사회는 참으로 염려스러운 거에요.
거미줄 치우는데 전기톱 쓰는 격이죠. 인생을 허무하게 만들
고, 자신을 사회에서 고립시키는 결과를 낳기도 합니다. 손절
은 정말 최후의 최후로 남겨 둬야 하는 해결책이에요. 물론,
때로는 정말로 손절이 필요한 병적인 관계가 있을 수 있어요.

그걸 분별하고 판단할 지혜를 갖추는 게 우선인데, 그러려면 생각을 많이 하고, 책도 많이 읽고, 다양한 경험을 쌓아야 하겠죠.

내가 아닌 타인을 보아야 한다

자기 과시에 중독되고, 자기애 과잉에 빠졌다는 것. 자존감을 높이는 데 집착하는 것. 그것은 어떤 식으로든 그 마음이 온전치 않다는 의미다. 그래서 현대인들은 소비, 소유, 동영상, 여가 활동 등을 통해 쉬지 않고 기분 전환을 해야 하며, 소비 사회에서 우리가 느끼는 탐욕을 결국은 나르시시즘적 결핍의 주요 특징으로 보기도 한다. 소비해도 소비해도 결코 채워지지 않는 결핍인 셈이다. 우리는 이 '덫'에서 어떻게 빠져나올 수 있을까. 정 작가는 마음의 정비를 위해서는 우선 몸부터 챙겨야 한다고 조언했다. 그는 자신이 많이 아프던 시절에 견지했던 비관적 자세나 패배감을 묘사하며 '그때는 다시는 사회에 나가서 쓸모 있는 일을 못할 것 같은 기분마저 들었다'고 했다.

지금 어떤 마음의 상태를 지나고 있든, 정신적으로 건강하려

'나는 되고 너는 안 된다' '나는 옳고 너는 그르다' 식으로
편을 가르는 것도 일종의 집단 나르시시즘이다.

면 몸부터 튼튼해야 해요. 평상시 체력 훈련을 할 필요가 있어요. 운동이라고 하면 요즘은 온통 날씬한 몸을 만드는 것부터 떠올리는데, 인생을 건강하게 살아야 한다는 명제가 있을 때에는 육체의 건강이 먼저입니다.

실제로 정 작가는 타의 추종을 불허하는 운동광인데 3~4년 한 종목을 꾸준히 하고, 그다음엔 새로운 것에 도전하는 스타일이다. 그동안 복싱, 수영, 웨이트 트레이닝, 마라톤 등을 섭렵했다. 몸의 건강과 체력 증진을 위해서 시작한 운동도 있지만, 때로는 마음이 손상되고 무너졌다고 느낄 때에도 스스로 내린 처방으로 시작한 운동도 있다. 이를 '몸을 괴롭히는 것'이라고 표현했다. 자신을 잘 알기에 내릴 수 있는 자신만의 처방이다.

저 자신을 괴롭힌다고 해야 할까요. 몸을 먼저 못살게 굴어보는 거죠. 제가 마음의 항상성을 유지하는 방법이자, 상처를 치유하는 저만의 의식이기도 해요. 그중 주로 하는 건 등산입니다. 그래서 히말라야도 갔었고, 산티아고 순례길도 걷고 그랬죠. 그리고 언젠가는, 더 나이가 들기 전에 에베레스트에 오르고 싶어요.

이 처방이 모두에게 효과적일 수는 없다. 자기 마음을 위한 것은 결국 자기 자신이, 우리 각자가 찾고 발견해야만 하는 일이다.

내가 무얼 하면 마음이 편한지, 명상이든 요가든, 이것저것 시도하며 찾아내고, 실제로 행하는 게 중요합니다.

자기애는 '나'만 보이는 것이다. 그저 거울 속 나만 바라보는 거울 모드에 있는 것이다. 일단 '나'에게서 거리를 두는 것이 지나친 자기애에서 벗어나는 첫걸음이다. 오로지 나만 볼 것이 아니라 타인을 보아야 한다. 자신을, 사람을, 그리고 세상을 잘 판단할 지혜와 힘을 길러 내야 한다. 그러기 위해선 다양한 경험이 필요하다. 뻔하고 당연하게 들리지만, 이보다 더 좋은 공부는 없다. 그리고 모든 걸 직접 경험할 수는 없기에, 우리는 책과 영화, 드라마 등을 통해 간접 경험을 할 수 있다. 정 작가 역시 책을 통해 얻는 경험, 그리고 사유하는 훈련, 생각하는 힘의 축적을 강조했다.

우리가 갑자기 어떤 상황을 맞닥뜨렸을 때, 간접적이라도 앞선 체험이 있다면 당황하지 않을 수 있죠. 잘못된 선택을 줄이고 후회하지 않을 수 있어요. 그러려면 타인의 삶을 간접적으로 살아 봐야 해요. 책을 읽는다는 건 가장 안전한 거리에서 다른 사람의 인생을 경험해 볼 수 있는 아주 경제적인 방법이에요. 그러니까 책을 정말 많이 보셔야 해요. 특히 문학을, 소설을 꼭 읽으셨으면 해요. 아, 제가 소설 쓰는 사람이라서가 이렇게 말하는 건 아니고… 하하.

인간을 객관화하는 과학책

정 작가는 자신과 거리를 두는 위한 방법으로 대중 과학서 읽기를 추천했다. 이것은 정 작가 자신이 개인적으로도 가장 좋아하는 일이기도 하다. 그는 심신의 안정을 위해 심리학이나 뇌과학, 생물학, 인지과학과 관련한 대중 과학서를 자주 읽는다고 했다. 어떻게 과학책을 읽고 마음의 평화를 얻을 수 있을까.

인간을 가장 객관적으로 보는 학문이니까요. 과학은 나라는 존재를 나에게서 멀리 떨어뜨려 놓게 합니다. 책을 읽다 보면 그저 하나의 생물로 볼 수가 있어요. 그때 굉장히 안정감이 느껴져요. 아, 인간은 저마다 살아가는 방식은 다르지만, 근본적으로 그러니까 생물학적으로는 크게 다르지 않구나 하고요. '인간은 대체 왜 이래?'라는 답 없는 질문에 '그래, 인간은 원래 이렇지'로 답해 준다고나 할까요.

인터뷰 당시 정 작가는 유발 하라리의《21세기를 위한 21가지 제언》을 읽고 있었다. 역사학자이면서 생물학 등 다양한 분야를 넘나들며 광범위한 연구를 하고 있는 하라리는 이 책에서 일, 자유, 종교, 평등, 교육 등 21가지 테마를 통해 복잡하고 불확실한 세계를 들여다본다. 하라리는 정 작가가 가장 좋아하고 또 존경하는 작가 중 한 사람이다. 지금 바로 단 한 권의 대중 과학서를 추천한다면, 하라리의《사피엔스》를 꼽겠다고 했다. 지구를 정복한 '인류'에 대한 새로운 탐색을 시도하는《사피엔스》는 50개국에서 1천만 부가 넘게 팔린 세계적인 베스트셀러다. 정 작가는 이 책이 '사피엔스의 종말'을 예견하지만, 이것이 인류의 멸망을 뜻하는 건 아닐 거라 믿는다.

이처럼 정 작가는 정 작가는 인간을 객관화하는 책들을 읽으면 마음이 차분해지고, 결과적으로 소설가로서 글을 쓰는 데에도 도움이 된다고 했다. 정 작가는 과학 분야 책을 읽으면, 시니컬해져서 글 쓰는 데 보탬이 된다고 덧붙였다.

문장에 감정이 실리면, 다시 말해 작가가 흥분하고 있고, 깔깔거리고 웃고 있으면, 독자는 반대로 냉정해지고, 소설에 감정을 이입하지 못한다. 한마디로 '팔짱 끼고' 읽게 되는 것이다. 이것은 이야기꾼으로서는 치명적인 실수다. 감정으로는 설득할 수 없다. 이건 반드시 소설가나 글 쓰는 사람에게만 해당하는 이야기는 아닐 것이다. 모든 문제는 '나'를 객관화하는 것에서부터 풀어 나갈 수 있다. 자존감 중독이나 자기애 과잉이라는 것도 결국 자신을 너무 가까이, 너무 주관적으로 보고 있기 때문에 발생한다.

어떤 상황에서도 냉정한 태도를 견지하고 싶다면 과학서를 읽으세요. '나'에서 거리를 두세요. 저 멀리 '인간'이 보입니다.

가장 사적인 마음의 탐색

함께 읽으면 좋은 책

셀피 윌 스토 지음 | 이현경 옮김 | 글항아리

내가 내 사진을 찍는 것이 자연스러운, 내가 나를 너무 사랑하는 '지금, 여기'의 위태로움을 역사, 사회, 문화적으로 살펴보는 책입니다. 우리를 둘러싼 '좋아 보이는' 것들의 함정과 위험을 자기애, 나르시시즘, 자기혐오, 자존감의 개념을 통해 설명합니다. 날씬한 몸과 늙지 않는 피부, 미래를 위한 미라클 모닝과 꾸준한 운동 등등. 우리가 조금만 노력하면 얻을 수 있을 것 같은 '완벽한 자아'는 사실 사회와 문화가 만들어 낸 허상인데요. 우리는 그 허상과 우리를 비교하고, 종국엔 스스로를 질타하기에 이릅니다. 책은 "네가 완벽하지 못한 건, 네가 게으르고 부족했기 때문이야"라는 말(또는 속삭임)에 속지 말아야 한다고, 이야기합니다. 우리는 본래 완벽할 수 없는 존재들이며, 완벽하지 않다고 해서 게으르거나 부족한 게 아닙니다. 저자는 고대 그리스, 수도원, 자존감 운동이 한창이던 미국의 교육현장, 그리고 밀레니얼 세대의 나르시시즘과 셀카로 뒤덮인 SNS 속을 종횡무진하며 비정상이 정상이 된 현 세태를 꼬집습니다.

사피엔스 유발 하라리 지음 | 조현욱 옮김 | 김영사

자존감 중독과 자기애 과잉을 벗어나기 위해 과학책을 읽는다는 건 얼마나 멋진 일인지 모릅니다. 자신을 사랑하기보다, 자신을 믿는 일이 우리에게 필요한데요, 읽는 행위의 도움을 받을 수 있습니다. 인간 존재를 가장 객관적으로 풀어낸 책을 읽으면 자기 자신에게서 거리를 둘 수 있고, 비로소 마음의 평안에 도달할 수 있습니다. 자신에게 매몰되지 않고, '아, 그래 사람은 누구나 그렇지'라고 인정하는 건, 달지도 쓰지도 않은, 아주 지적인 방식의 마음처방입니다. 유발 하라

리는 이스라엘의 역사학자로 생물학 등 다양한 분야를 넘나들며 광범위한 연구를 하고 있습니다. 그는 지구를 정복한 인류에 대해 새로운 탐색을 시도하는데요, 이 책은 고개를 들어 타인을 바라보게 함으로써, 개인의 문제에 천착하는 나르시시즘의 덫에 빠지지 않게 해 줄 것입니다. 궁극적으로는 집단적 자기애로 흔들리는 사회에도 도움이 될 것입니다.

가장 사적인 마음의 탐색

분노

강자에겐 공포를, 약자에겐 분노를 느낀다면

어쩌지 못하는 분노에 빠지면 자해하거나 타인에게 해코지하게 되는데
이를 해소하기 위해서는 우선 스스로의 마음을 다스리려는 노력을 해야 합니다.
정신 건강 치료를 두려워하지 마세요.

온라인에서 벗어나
문 밖으로 나가야 합니다

범죄심리학자 이수정의 분노 탐색

안진용

2020년 2월, 미국 LA 돌비극장에서 제92회 아카데미 시상식이 열리던 날, 나는 그 현장에 있었다. 영화 〈기생충〉이 한국 영화 최초로 4개 부문을 석권한 역사적인 날이었다. 수상자들은 곧바로 취재진이 모여 있는 프레스룸으로 왔다. 수많은 나라에서 온 기자들이 〈기생충〉의 주역들을 기다리고, 그들을 향해 질문을 퍼붓는 모습은 뿌듯한 장관이었다.

봉준호 감독만큼 인상적이었던 한 인물이 있었는데 같은 날 영화 〈조커〉로 남우주연상을 받은 호아킨 피닉스Joaquin Phoenix다. 배우로서 최고의 영예를 안았지만 그의 얼굴에서는 마냥 웃음이 흐르지 않았다. 〈조커〉에서 그가 연기한 아서 플렉에서 아직 빠져나오지 못한 듯한 그의 소감은 폐부를 찔렀다.

우리가 직면하고 있는 공통의 문제가 있습니다. (우리는) 우리 중심적인 세계관을 가지고 있는 것 같습니다. 성 평등, 인종 차별, 동물권, 환경 문제들이 포함되는데요. 우리는 자연과 단절된 것 같습니다. 자원을 약탈하고 소가 송아지를 낳으면 죄책감 없이 우유를 얻습니다. 우리는 무언가의 희생이 필요하다고 생각하기 때문에 개인의 변화를 두려워합니다. 우리는 모든 생명체와 환경을 위해 시스템을 만들고, 발전시키고, 고쳐 나갈 수 있습니다. 우리가 잘할 수 있는 것은 서로 지지하는 것입니다. 서로를 교육하고, 구원을 위해 서로를 안내해야 할 때입니다.

피닉스는 자유로운 히피 성향을 가진 부모 사이에서 태어나 오랜 기간 떠돌이 생활을 한 것으로 알려졌다. 이 발언은 이런 그의 성향이 잘 담긴 발언으로 보인다. 하지만 다시한번 더 생각하면, 〈조커〉에서 사회적 갈등과 그로 인한 사회 질서 파괴와 인간성 상실을 상징적으로 보여 준 그가, 현

가장 사적인 마음의 탐색

실에서는 이와는 다른 세상을 만들기 위해 제시한 깊은 고민이자 혜안으로 읽힌다.

낯설지 않은 조커의 분노

조커는 익히 알려졌다시피 DC코믹스의 대표 시리즈인 〈배트맨〉 속 빌런이다. 양 옆으로 길게 찢어진 입으로 상징되는 절대 악이다. 영화 〈조커〉는 과연 그가 어떻게 잉태되고 탄생한 것인지 그 근원을 찾아간다.

고담시에 사는 아서 플렉은 스탠드업 코미디언이다. 그다지 재능도, 인기도 없다. 마땅히 설 무대도 없어 길거리에서 광고 팻말이나 돌리고 있는 그의 인생은 비루하다. 그렇다 보니 동네 십대 불량배나 지하철에서 만난 직장인들, 심지어 함께 일하는 동료 코미디언들에게도 놀림의 대상이 될 뿐이다.

아서 플렉은 제대로 살아보기 위해 노력한다. 주기적으로 정신과 상담도 받고 도움을 요청하는 시그널도 보낸다. 하지만 그의 손을 잡아 주는 이는 없었다. 그는 어머니와 함께 즐겨 보던 TV 쇼에 출연하여 사회자인 머레이 프랭클린이 자신을 조롱하자 품고 있던 총 한 자루로 생방송 도중 머레이 프랭클린을 쏜다. 이 충격적인 장면은 미디어를 통해 고스란히 전파된다. 고담시에 불만을 품고 있던 이들은 아서 플렉을 영웅시하기 시작했고 이름 높은 사회자, 즉 기득권층을 향해 거침없이 방아쇠를 당긴 그를 향한 비뚤어진 동경과 찬사가 쏟아진다. 조커의 탄생이다.

〈조커〉가 보여 주는 일련의 서사의 기저에는 분노가 깔려 있다. 사회적 부조리와 아무리 발버둥 쳐도 도무지 나아지지 않는 현실 앞에서 분노가 터진다. 여기까지는 개인의 분노다. 하지만 비슷한 분노를 가진 이들이 연대하기 시작하고 무력을 쓰면서 폭동으로 이어진다. 아서 플렉이 당긴 방아쇠는 이러한 개인의 분노를 집단의 분노로 연결시키는 도화선이 된다.

영화 속 고담 시티를 상상해 보자. 전염병이 돌아 민심이 흉흉하고, 일부 집단의 파업으로 인해 사회 기능이 온전히 돌아가지 못하고 있다. 이런 상황 속에서 빈부 격차는 더욱 커지고 양극화된 사회의 구성원들은 패를 갈아 싸우고 있다. 장티푸스가 창궐하고 미화원들은 파업 중이며 사회적 갈등은 극심해졌다. 하지만 이 배경을 대한민국 서울이라 해도 상황은 크게 달라지지 않는다. 코로나19가 만연하고 택배노조의 파업으로 물류가 막혔으며 사회적 부의 편

중 현상은 가속화되고 있다. 그래서 요즘 만나는 사람마다 입을 모은다. '모두가 화가 나 있다.' 그리고 '나도 그렇다.'

정말 모두가 화가 나 있을까

코로나19로 일상이 마비되고 경제 활동도 타격을 입는 등 우울감이 극대화되며 소위 '코로나 블루'라는 신조어가 대두됐다. '곧 끝나겠지'라는 막연한 기대감은 코로나 3년 차로 접어들며 더 큰 갈증을 불어왔고 이제는 우울감이 분노로 표출되는 '코로나 레드'로 치닫는 상황이다. 이로 인한 개인의 분노가 극대화되면서 사회적 분노로 이어지고 있고, 이렇게 쌓인 분노는 누군가를 향한 폭력으로 발산되는 모양새다.

서울대 보건대학원 코로나19 기획 연구단이 지난 2020년 8월 한 달간 전국 만 18세 이상 2000명을 대상으로 '코로나19 정보와 뉴스를 접하고 주로 느끼는 감정'을 조사한 결과, 분노(25.3퍼센트)와 공포(15퍼센트)로 나타났다. 특히 분노 감정은 같은 해 3월 진행한 조사에서 11.5퍼센트로 측정됐으나 불과 5개월 사이 2배 넘게 증가했다.

이런 감정의 변화는 실제 질환으로 이어졌다. 2022년

2월 건강 보험 심사 평가원의 보건 의료 빅데이터 개방 시스템에 따르면, 분노 조절 장애(기타 습관 및 충동 장애) 월별 환자 증가세가 가팔라졌다. 코로나19 이전인 2019년 6월 519명이었던 환자 수는 2년 만인 2021년 6월 624명으로 20퍼센트가량 늘었다.

2021년 상반기 우울증(우울 에피소드 재발성 우울장애) 진단을 받은 환자(64만 7691명) 역시 최근 10년 중 환자 증가 폭이 가장 큰 것으로 나타났다. '코로나 블루'가 단순한 현상이 아니라 실제 사회적 문제라는 방증이다.

진료하는 현장에서 환자들도 마주하는 정신건강의학과 전문의들의 의견은 어떨까? 대한 정신건강 의학과 사회는 코로나19 관련 진료 환경 변화를 가늠하기 위해 진행한 회원 대상 설문 조사 결과를 지난해 9월 공개했다.

2020년 10월과 2021년 8월 등 두 차례 진행된 설문에 따르면 코로나 초기에는 '공포·불안·우울'(코로나 블루) 등의 감정이 주를 이룬 반면, 코로나가 장기화되면서 2021년에는 분노, 즉 코로나 레드로 증폭된 것으로 조사됐다.

감정까지 이어지는 것으로 나타났다. 또 방역만을 철저하게 강조하던 종전의 분위기에서 전환해 마음 건강을 좀 더 배려하고, 원칙을 지키면서도 유연한 형태의 코로나 대처 방식이 필요하다는 진단이다.

팬데믹 초기와 비교해 내원 환자들의 심리적 증상에 변화가 생겼냐는 질문에 응한 전문의 339명 중 79.1퍼센트(265명)이 '그렇다'고 답했다. 이 이유를 분석해 보면, 초기에는 양육 부담, 동거 가족 특수성, 경제적 부담의 순이었지만, 2021년에는 양육 부담, 경제적 부담, 직업 등 순으로 바뀌었다. 코로나19 사태의 장기화에 따라 전반적인 경제적 부담이 가중되고 있으며, 각 업종에서 구조 조정을 실시하며 실업과 같이 가계에 직접 타격을 입히는 사례가 빈번해지고 있다는 의미다.

인간의 자기방어와 분노

대한민국 사회에 분노가 넘치며 바빠진 인물이 있다. 이수정 경기대 범죄심리학과 교수 겸 사회심리학자다. 단순한 심리 분석뿐만 아니라 늘어나는 각종 사건·사고의 이면을 짚기 위해 이 교수의 도움을 필요로 하는 곳이 늘었다. 분노를 느끼는 한국인의 마음에 대한 이야기를 듣기 위해 지난해 11월 경기대 수원 캠퍼스에서 이 교수를 만났다.

심리학적으로, 분노는 어떤 감정일까? 이는 문화권마다

다소 차이가 있지만 대략의 틀은 유사하다. 서양의 심리학자들은 기쁨Happiness, 슬픔Sadness, 분노Anger, 놀람Surprise, 공포Fear, 혐오Disgust 등 여섯 가지를 가장 기본적이고 보편적인 감정으로 꼽는다. 동양의 경우 유교 경전 중 하나인《예기》등에 등장하는 기본 감정을 희로애락애오욕喜怒哀樂愛惡欲, 즉 기쁨, 분노, 슬픔, 즐거움, 사랑, 미움, 욕심 등 7가지로 나눈다. 기쁨, 슬픔과 함께 동서양 문화권에서 공통적으로 꼽는 감정이 바로 '분노'다.

분노는 유기체가 생존하기 위해 꼭 필요한 감정입니다. 대뇌피질 가장 아래쪽 부분, 변연계라고 하는 부분에서 바깥세상으로부터 오는 정보를 제일 빨리 받아들이고 정서적으로 처리합니다. 상대가 나에게 위협적인 상황을 연출할 때, 상대방이 나보다 강자면 '공포'를 느껴 도망가고, 약자라고 느끼면 그 불쾌감이 '분노'로 표출돼 공격하게 됩니다. 이렇듯 분노와 공포는 뿌리가 같고 꼭 필요한 감정인데요. 분노와 공포를 느끼지 못한다면 자기방어를 할 수 없기 때문에 인류는 멸종했을 겁니다.

가장 사적인 마음의 탐색

범죄의 흐름에서 보이는 것

적잖은 범죄자들이 범행 동기를 묻는 질문에 '화가 나서'라고 답하곤 한다. 단순 논리로 본다면, 대중의 화가 많아진 코로나19 사회에서는 범죄 역시 증가했을 것이라 예상하기 쉽다. 실제로 사회 뉴스를 보면 강력 사건이 예전에 비해 잦아졌다는 느낌을 받게 된다. 실제로 분노 게이지가 상승하면서 강력 사건이 사회적으로 많이 늘어나는 추세로 봐야 될까?

'전체 범죄가 다 늘었다'고 보기는 어렵습니다. 보통 4대 강력 범죄는 살인, 강도, 성폭력, 방화를 가리킵니다. 현재 통계를 찾아봤을 때 살인이나 방화가 많이 늘어나진 않았는데요. 화가 났을 때 '불을 싸질러 버리겠다'고 말하는 표현과 연결되는 방화의 경우 겨울에 주로 발생하는 범죄인데, 코로나19 이후 그리 사례가 늘진 않았고, 강도 사건은 과거보다 현재 현저히 줄었습니다. 현금을 들고 다니는 생활 패턴이 많이 사라졌기 때문에 바깥에서 흉기를 들이밀고 현금을 요구하는 사례 또한 줄어든 것이죠. 게다가 요즘 노상강도를 했다가는 곳곳에 설치된 CCTV에 증거가 남기 때문에 분노 증가와 관계없이 감소할 수밖에 없는 게 현실입니다.

코로나19는 비대면 사회를 강요했다. 대면 접촉이 감염을 일으키고 바이러스를 전파할 수 있다는 불안감이 커지며 외출을 줄이고 재택근무도 활성화됐다. 하지만 비대해진 분노는 남았다. 그리고 이 분노는 주변을 향한다. 가족을 향한 폭력이나 연인 간 폭력이 급증한 이유다.

많은 이들이 코로나19 사회에서 '묻지마 범죄'가 늘어날 것이라 예상했습니다. 하지만 격리 사회, 비대면 사회가 되면서 바깥의 활동이 현저히 줄어들게 되고 많은 사람들이 가정 내에서 보내는 시간이 많아졌습니다. 그렇다 보니, 막상 분노를 느끼는 상황 속에서 자신에게 분노를 갖게 한 대상군이 아니라 주변에 있는 약자들에게 분노를 표출하게 되었습니다. 이런 범죄는 통상 자신보다 약자들에게 화풀이를 하는 방식으로 전개되다 보니까 비대면 사회에서 아동학대 치사사건이 크게 증가한 것이죠.

코로나19 1년 차인 2020년 연말 발생한 '정인이 학대 치사 사건'이 대표적이다. 지난해 말 보건복지부에서 발표한 2020년 아동학대 주요통계에 따르면 아동학대 사례 수가 2016년 1만 8700건에서 2020년 3만 905건으로 나타나 지속적인 증가 추세를 보이고 있다. 정인이 사건을 계기로 지난 해 2월 신설된 아동 학대 살해죄는 사형이나 무기징역, 또는 7년 이상의 징역에 처하는 것으로 강화됐다. 하지만 아동 학대로 판단되는 우리나라의 피해 아동 발견율은 4.02퍼센트로, 선진국의 절반에도 못 미친다. 결국 발견하지 못하는 가정 내 폭력이 독버섯처럼 자라고 있다는 의미다.

학대당하는 아동이 죽음에 이르게 되는 치사 사건의 경우 7, 8년 전에는 한 자릿수였습니다. 그런데 2021년에만 약 50명에 달했습니다. 7, 8년 사이에 거의 열 배 가까이 증가한 건, 누적됐던 여러 가지 사회적인 문제들이 코로나19로 인해 수면 위로 드러나는 양상을 보이는 것이라 분석할 수 있습니다.

연인 간 폭력 역시 코로나19로 인한 분노 사회의 새로운 화두로 부각됐다. 지난해에는 '마포 데이트 폭력 사망 사건'이 공분을 일으킨 바 있다. 가족이나 연인 간 강력범죄의 경우 가해자와 피해자 간 특수한 관계 때문에 세부적인 공식 통계 자료조차 미비하다. 이에 한국여성의전화는 언론에 보도된 '친밀한 관계의 남성에 의한 여성 살해 피해자' 수를 집계하는 작업인 '분노의 게이지 프로젝트'를

2009년부터 진행하고 있다. 이를 바탕으로 해 지난해 12월 한국여성의전화가 발표한 내용에 따르면, 2020년 배우자나 연인에게 살해된 여성 피해 사례는 97건이고, 살인미수는 131건이다. 이중 현재 또는 과거 혼인 상태의 '배우자 관계'에서 95건의 살인·살인미수 사건이 발생했고, 현재 또는 과거 '데이트 관계'에서 벌어진 사건의 수는 125건이었다. 범행 동기를 살펴보면 이혼·결별을 요구 또는 재결합·만남 거부가 53건(23.3퍼센트), 우발적으로 발생한 경우가 52건(22.8퍼센트), 다른 남성과 관계에 대한 의심 등이 34건(14.9퍼센트), 자신을 무시해서가 9건(3.9퍼센트), 성관계 거부(성폭력)가 6건(2.6퍼센트) 순이었다.

코로나19 시대에 연인 간 폭력이 많이 증가했습니다. 뉴스를 보면 심지어 실신한 애인을 폭행해 뇌사 상태에 빠진 여성들의 이야기가 들려옵니다. 이는 사회적 구조와도 연관이 있는데요. 국내는 연인의 경우 결혼을 안 하거나 혼인신고를 하지 않은 상태라 부부나 가족으로 볼 수 없기 때문에 가정 폭력 처벌법을 적용하지 않습니다. 이처럼 가정 폭력의 경우 이를 막기 위한 사회적 제도를 마련하는 등 여러 노력이 있었지만, 연인 간 폭력은 구제가 어렵습니다. 연인의 경우 그 관계

가장 사적인 마음의 탐색

의 특수성 때문에 가해자와 피해자로 변할 경우 피해자의 방어 능력이 더 떨어질 수밖에 없는데, 그들을 보호할 사회적 시스템이 마련돼 있지 않기 때문에 중상해 사건으로 이어지는 경우가 많습니다. 최근 현대 사회에서는 경제적 이유 등으로 젊은 사람들이 결혼을 꺼리고 연인 간의 관계를 유지하는 사례가 늘고 있기 때문에 그에 비례해 연인 간 폭력이 증가하는 상황이라 볼 수도 있습니다.

코로나19 사회 속에서 사회적 분노 수치는 높아졌고, 이는 범죄 증가로 이어질 것이란 예측과 연구는 어느 정도 유효했다. 하지만 그 양상은 예측과는 다른 방향으로 흐르고 있다. 사회 불안정 속에서 빈부 격차가 벌어졌듯, 범죄 역시 철저하게 약자를 향하고 있다. 대인 관계가 줄어든 사회 환경 속에서, 분노를 주체하지 못하는 이들의 폭력이 쉽사리 겉으로 드러나지 않는 주변으로 향하고 있다는 것은 더욱 무시무시한 현상이다.

온라인에 몰두하는 사람들

대면 활동이 줄며 대중은 더욱 스마트폰에 몰두하기 시작했다. 온라인을 통해 모든 정보를 얻고, SNS를 통해 소통한다. 지인뿐만 아니라 지구 반대편에 있는 이들과도 단박에 연결될 수 있는 세상이다. 맛있는 음식을 먹으러 외출할 필요도 없다. 온라인 주문만 하면 전국 각지 맛집의 음식을 집안 식탁에서 맛볼 수 있다.

하지만 이러한 편리함은 또 다른 부작용을 낳았다. 지나치게 많은 정보를 접하고 되고, 특정 사안에 대한 의견 수렴 및 발산이 쉬워지면서 사회적 분노가 커지는 형국이다. TV나 신문을 통해서나 볼 수 있던 뉴스들을 더 쉽게, 많이 접하게 되면서 분노의 확산 역시 빨라진 셈이다. SNS 대화방 등을 통해 특정 주제를 지인들에게 전파하고 특정한 방향으로 의견을 모으는 행위 또한 분노를 재창출하는 결과를 초래하곤 한다. 지나치게 사소한 일까지 청와대 국민청원 게시판에 올리며 동의를 부탁하는 것도 같은 맥락이다.

SNS를 통해 분노의 확산이 빨라지는 것과 동시에 사람들의 또 다른 분노를 재창출해 내는 결과를 초래할 수도 있습니다. 과거에는 사람들이 지금처럼 많은 사회적 문제에 관심을 갖

가장 사적인 마음의 탐색

지 않았습니다. 워낙 오프라인 활동을 많이 하다 보니 물리적 시간이 부족했고, TV나 신문 뉴스를 자주 보는 사람이 아니라면 범죄 사건을 접할 수 있는 통로도 많지 않았습니다. 이제는 온라인으로 뉴스를 소비하다 보니까 언론이 다루는 사건도 많아지고, 대중에게 노출되는 빈도도 높아졌습니다. 그리고 상대적으로 포털에 노출되는 뉴스를 보면 범죄 사건이 많고, 끔찍한 사건일수록 댓글 숫자 역시 폭발적으로 증가한다는 것을 알 수 있습니다. SNS를 통해 사람들이 공분하는 시스템이 갖춰진 것이죠.

이렇게 공론화된 여론은 종종 형사 사법 기관에 대한 불신으로 흐른다. 유·무죄 판결, 형량 등이 마뜩지 않다는 항의다. 사회의 구성원으로서 충분히 낼 수 있는 목소리라는 의견도 있다. 하지만 이런 분노가 해당 사건을 담당한 검사나 판사 개인으로 향하기도 한다. 모든 정보가 공개되고 또 표현의 자유를 누릴 수 있는 민주주의 사회가 온라인 사회가 맞물리며 빚어진 또 다른 비뚤어진 자화상이다.

예전에는 어떤 사건을 재판하는 판사나 검사의 이름이 무엇인지, 아무도 관심이 없었습니다. 그런데 지금은 이슈가 되는 사건의 검사, 판사, 형사의 실명이 거론되고 항의 글을 올리고 현수막을 내거는 등 공격을 가합니다. SNS를 통해 사람들이 공분을 공유하는 시스템이 갖춰지다 보니 그 연장 선상에서 형사·사법기관에 대한 불신과 비난의 목소리 역시 커졌습니다.

SNS를 활용한 대화방의 활성화와 의견 교류는 항상 합리적, 이성적으로 진행되진 않는다. 이런 현상을 심리학자들은 '리스키 시프트Risky shift'라 부른다. 인간의 심리는 다수가 모였을 때, 위험한 방향으로 순식간에 몰려가기 쉽다는 것이다. 전형적인 '분위기에 휩쓸리는' 상황이다.

군중 심리에 대한 연구는 제2차 세계대전 이후 많이 진행됐습니다. 군중 심리에 대한 많은 연구에서, 혼자 의사 결정을 할 때보다 집단이 의사 결정을 할 때 더 위험한 선택을 하는 것을 리스키 시프트라 하는데요. 이로 인해 결국 더 극단적인 선택을 하게 되고 폭력성도 심화됩니다. 군중 심리가 공분을 유발해서 매사 '엄벌하라'는 목소리를 내곤 합니다. 하지만 이 정도는 친사회적 결론에 도달한 것이라 볼 수 있습니다. 강한 처벌을 요구하긴 하지만, 전두엽에서 내면화된 도덕적인 가치에 따라 사법 기관의 엄벌을 촉구하는 것이기 때문입니다. 반면 전두엽 기능이 제대로 성장하지 못하거나 충분한 도덕성을 갖추지 못한 이들의 경우 이런 군중 심리에 휘말려 '직접 해결하겠다'며 칼을 들고 나서서 분노를 표출하려 할 수 있습니다. 이런 사례가 흉악 범죄로 이어질 수 있죠.

소셜 미디어 시대의 살풍경

현대 사회에서는 사생활이 중시된다. 집단을 위해 개인의 희생을 강요하던 과거를 지나, 개인화된 삶이 어느 때보다 강조되는 시대다. 하지만 그와는 정반대로, 요즘처럼 개인의 사생활이 노출되고 또 침해되는 시대도 없었다. SNS 사회의 살풍경이다.

페이스북, 트위터, 인스타그램 등의 사용자들은 자신의 삶을 온라인에 공개한다. 어디서 누구와 만나고 무엇을 먹는지 공유한다. '좋아요'라는 반응을 얻길 원하고 팔로워가 늘면 뿌듯해한다. 팔로어를 늘리기 위해 지인을 비롯한 불특정 다수의 반응에 댓글을 달고 그들의 계정도 찾아가 '좋아요'를 누른다.

SNS는 '관음증'과 '노출증'이라는 두 가지 심리가 충돌하는 곳이다. 게시자들은 일기를 쓰듯 SNS에 글과 사진을 올린다. 유명인의 경우 팔로워가 늘면 상업 광고가 붙어 경제적 이익까지 생기니 더 적극적인 편이다. 타인에게 '봐 달라'고 노출하는 것이다. 하지만 긍정적인 반응은 반기는 반면, 부정적인 반응에는 '사적인 공간'이라며 매너를 지켜달라 정색하곤 한다. 도대체 어느 선까지 보라는 것이고, 어떤 반응까지만 허용한다는 것일까?

타인의 SNS를 지켜보는 이들의 심리는 어떨까? 여행, 패션, 맛집 등 자기 인생의 가장 빛나는 순간을 주로 담는 만큼 일상에 지친 유저들은 SNS 상에서 타인의 그런 삶을 지켜보며 대리만족 혹은 상대적 박탈감을 느낀다. 그중에는 침묵을 지키며 소위 '눈팅'만 하는 이들도 있는 반면, 꼬투리를 잡아 매섭게 후려치는 이들도 있다.

SNS를 홍보의 장으로 활용하며 자신을 적극적으로 노출하면서도 정작 부정적인 반응에는 악플의 폐단을 호소하는 연예인, 화려한 연예인의 삶을 몰래 엿보는 재미를 만끽하다가도 종종 악플러로 돌변하는 네티즌, 그들의 마찰을 일일이 기사화하면서 사태를 키우는 연예 언론까지. SNS가 뫼비우스의 띠처럼 관음증과 노출증을 연결시키고 있다. 그래서 분명 SNS가 현대를 대표하는 소통의 장이지만 '시간(S)낭비(N)서비스(S)'의 축약어라는 우스갯소리가 폐부를 찌른다.

이런 SNS의 부작용은 상대적 박탈감을 가져오고, 결과적으로 사회적 분노를 키우는 기제로 작용하곤 한다.

범죄학자 몰턴에 따르면, 과거에는 대중이 바라볼 때 '잘사는 사람'이 과연 어느 정도 잘 사는지 몰랐어요. 그야말로 '그들만의 리그'였기 때문에 그들이 어떤 집에서 살고, 무슨 물건을 쓰는지 도무지 알 수 없었죠. 하지만 이제 스마트폰을 켜고 SNS를 들여다보면 어렵지 않게 그들의 삶을 접할 수 있고, 아주 자세한 정보도 눈에 들어옵니다. '이 집은 얼마다' '이 물건은 얼마다' 이런 식으로. 이는 대중이 원하는 삶의 눈높이를 높여 놓을 수밖에 없어요. 그런데 중요한 건, 나의 현실은 예전이나 지금이나 하나도 바뀌지 않았다는 거예요. 정보의 홍수 속에서, 이렇듯 사회적인 스탠더드는 높아졌는데, 정작 나는 그 스탠더드에 도달할 수 있는 방법이 없다. 이런 상황을 바라볼 때 몰턴은 '사회화와 제대로 되지 않은 범죄자들은 혁신적인 아이디어를 생각해 낸다'고 했습니다. 그런 혁신적인 타입의 현대화된 범죄가 바로 (여성을 향한 디지털 성범죄인) '박사방'이었고요. 그런 범행 수법은 과거에는 상상도

사회 불안정 속에서 빈부 격차가 벌어졌듯,
범죄 역시 철저하게 약자를 향하고 있다.
대인 관계가 줄어진 사회 환경 속에서,
분노를 주체하지 못하는 이들의 폭력이 쉽사리 겉으로
드러나지 않는 주변으로 향하고 있는 것이다.

하기 힘들었습니다.

분노를 사회적으로 해소하려면

대중이 코로나19 시대에 분노를 느끼는 이유는 무엇일까. 아주 기본적인 인간의 교감과 소통조차 막아 버렸으니 곪을 수밖에 없다. 평범한 일상이 망가졌고, 자영업자들은 삶의 터전을 잃었다. 하지만 더 궁극적인 이유는, 내가 잘못하지 않은 일로 피해를 봤다는 억울함이다. 자신의 어떤 잘못으로 인해 치르는 죗값이라면 감내할 수 있다지만, '난 열심히 살았는데 왜 이러지'라는 열패감은 도무지 견디기 힘들다. 게다가 이런 스트레스를 풀 곳도 없다. 분노를 사회적으로 해소하려면, 사람들과의 상호 작용과 다양한 경제 활동이 이뤄져야 하는데 이 모든 것이 통제된 상태다. 일상생활에서 스트레스를 해소할 수 없으니 집안에서 약자들에게 푸는 일이 벌어진다.

이렇듯 주체하기 힘든 분노로부터 스스로를 지키기 위해 이수정 교수는 일상생활에서의 변화와 전문적 치료를 병행할 것을 권고한다. 단시간에 사회가 변화될 수 없다면, 결국 나 스스로를 돌보는 동시에 사회적 시스템에 발맞추려는

가장 사적인 마음의 탐색

노력이 필요하다.

생활 환경을 바꿔 보는 게 좋아요. 컴퓨터만 들여다보지 말고 산책하는 등 근육과 정신을 이완시켜 줘야 합니다. 어떤 문제의 원인을 다른 사람 탓으로 돌리는 생각 패턴을 바꾸는 훈련도 필요해요. 병에 가까운 분노의 경우, 적극적으로 치료하는 것도 필요한데 분노는 우리가 흔히 '화병'이라 부르는 생물학적인 반응을 유발해요. 이렇듯 어쩌지 못하는 분노에 빠지면 자해하거나 타인에게 해코지하게 되는데 이를 해소하기 위해서는 우선 스스로의 마음을 다스리려는 노력을 해야 합니다. 또한 정신 건강 치료를 두려워하지 마세요. 한국의 정신 건강 관리 시스템의 가장 큰 문제는 '전달 체계'가 나쁘다는 거예요. 영미권 국가에서는 멘털 헬스에 종사하는 직군이 많아요. 심리 상담을 하는 이가 많고, 이들이 중증으로 판단하면 정신과로 이관시키는 전달 체계, 즉 노드가 됩니다. 하지만 우리나라는 굉장히 담벼락이 높아요. 정신과에 직접 가야 하고, 사람들이 다 보는 데서 기다려야 하니 어렵습니다. 직장이나 학교 같은 곳에서 쉽게 심리 상담을 받도록 하고 있는데요. 보건복지부도 작년부터 비대면 상담 서비스를 제공하기 시작했으니 적극 활용해야 합니다.

아울러 이 교수는 정책적인 대안도 필요하다고 강조했다. 코로나 시대 집단 분노 및 우울에 근원적으로 대응하기 위해 사후약방문식 치료가 아니라 이를 일으키는 원인을 없애야 한다는 것이다. 그리고 이는 개인이 아닌 국가적 차원의 대응이 필요한 사안이다.

요즘 사람들이 느끼는 주체할 수 없는 분노는 '분노 조절 장애'라는 용어로는 설명되지 않아요. 예를 들어, 코로나로 가게 문을 닫게 됐는데 약을 먹는다고 그 가게가 다시 살아날까요? 약을 먹어도 소용이 없다는 거죠. 결국 분노를 일으키는 근원을 바로잡기 위해서 피해를 적절히 보상하고 대안을 마련해 주는 정책적 접근이 필요합니다.

가장 사적인 마음의 탐색

함께 보면 좋은 콘텐츠

동백꽃 필 무렵 차영훈 연출 | 공효진 강하늘 주연

분노가 치밀어 오를 때 보면 '기분 좋아지는 콘텐츠'이자 사회적 분노를 제어하는 공동체의 기능을 엿볼 수 있는 드라마입니다. 이 드라마는 어촌에 정착한 미혼모가 자기 삶을 개척하고 그가 속한 공동체가 이를 보듬는 과정을 보여 주는데 2019년 방송돼 최고 시청률 23.8퍼센트를 기록했습니다. 드라마 안에서 주인공 동백(공효진 분)과 주민들을 공포에 빠뜨리는 연쇄살인범 까불이에 대항하는 공동체의 모습에 주목해 보세요. 마을 순경 용식(강하늘 분)을 비롯해 주민들이 동백을 보호하고, 정체가 드러난 까불이 역시 공권력이 아닌 주민들 손에 붙잡힙니다. 공동체 일원 모두가 피해자를 돕고 범죄자를 잡기 위해 노력하는데 실제로 범죄를 막기 위해 온 동네 사람들이 나서는 세상은 범죄자에게 굉장히 불리합니다. 실제로 이 같은 범죄 예방 및 피해자 관리는 선진 유럽 국가가 지향하는 모델이죠. 영국에서는 (복역을 마친) 출소자 관리를 지역 사회가 맡는 시스템을 구축해 놓았어요. 우리는 당장 법무부와 경찰의 업무 협조가 안 돼 추가 피해가 발생하는 상황인데 이 드라마는 커뮤니티 대응이라는 매우 이상적인 내용을 담고 있어요.

파파로티 윤종찬 감독 | 한석규 이제훈 주연

성악 교사가 성악을 통해 불량 학생의 인생을 바로잡아 가는 이야기를 담았습니다. 자신의 분노를 타인을 해하는 방식으로 풀곤 했던 소년범을 성악이라는 문화적 접근을 통해 교화시키고 사회가 품으려는 노력을 담긴 작품입니다. 우리 사회가 소년범을 대하는 태도와 방식은 다소 경직된 논의 구조 안에서만 맴돌고 있는데요. 소년범의 분노

는 어디에서 온 것일까요? 이 질문과 더불어, 한번 인생이 어긋난 사람도 변화할 수 있다는 것, 그리고 그에 수반되는 주위의 현실적인 노력들에 대해 숙고할 수 있는 이야기라고 생각합니다.

7장

번아웃

최선을 다한 대가로 사그라든 열정

정말 저를 불태워서 뭔가에 열정을 쏟았기 때문에
번아웃이 올 수 있는 거죠. '내가 그동안 최선을 다했고 열심히 살았다'고
스스로 위로하면 좋지 않을까 하는 생각을 합니다.

다 좋은데
일단은 살자고요

가수 핫펠트의 번아웃 탐색
김인구

번아웃은 현대인들이 겪는 흔한 스트레스 유형 중 하나이다. 일에 지친 많은 직장인들이 번아웃을 호소한다. 쏟아지는 일에 파묻혀 애초의 목적을 상실할 때, 무언가를 해도 해도 끝이 보이지 않을 때, 그렇게 휩쓸리다가 결국 마음마저 무너지면 심한 무기력감에 시달린다. 나도 그러했다. 기자 생활이 20년을 넘기다 보니 열정이 사그라들었고 새로운 자극에 둔감해지는 걸 종종 느꼈다. 바쁘다는 핑계로 정작 나와 내 주변 사람을 챙기지 못하는 일도 많아졌다. 언제부터였던가. 내가 하는 일에 충분히 익숙해졌다고 생각한 이후로 이런 위기는 거의 해마다 반복되었다.

그때부터 나는 일종의 '계절성 번아웃'을 겪고 있다. 12월쯤 되면 나도 모르게 무기력에 빠지는 것이다. 이유가 없는 것은 아니다. 나의 번아웃 방아쇠를 당기는 것은 매해 돌아오는 연말연시 기획이다. 한 해를 결산하고 새해를 전망하는 아이템을 정리하는 것은 해마다 되풀이된다. 또 10대 뉴스를 써야 하나? 신년 기획은 무엇으로 하지? 떠오르는 신예 스타를 찾아야 하나, 차라리 휴가를 내서 신년 기획 소나기를 피해 볼까, 하는 꼼수까지 계산하다 보면 어느새 '아 또 한 해가 갔구나' '너무 정신없이 달려왔구나'라는 생각에 무력감이 몰려온다. 돌이켜 보니 바로 그게 번아웃이었다. 하지만 나는 단 한 번도 휴가를 내지 못했고, 매번 착실히 노트북 앞으로 돌아와 10대 뉴스를 썼다.

직업인으로서의 아이돌

내 경우처럼 번아웃에 시달리는 사람들이 얼마나 더 있을지 생각해 보다가 문득 직업인으로서의 아이돌이 떠올랐다. 한국 사회에서 아이돌만큼 극단적인 번아웃에 시달리는 직업군도 드물 것이다. 그들은 무대 위에서는 누구보다 화려하게 빛나고 열정적이지만 무대를 내려오는 순간 탈

가장 사적인 마음의 탐색

진을 호소하곤 한다. 무대 한 편에 서서 이런 모습들을 여러 차례 목격했다. 화려한 조명과 팬들의 함성 속에서 아무렇지 않게 멋진 춤과 노래를 선보인 뒤, 조명이 꺼지고 무대 뒤로 퇴장하자마자 가쁜 숨을 몰아쉬며 그대로 털썩 주저앉는 그 뒷모습을 말이다. 그중에서도 매 순간 최선을 다하는 모습이 인상적이었던 원더걸스의 예은, 핫펠트가 유독 기억에 남는다.

핫펠트라는 이름을 여전히 낯설게 받아들이는 사람이 있겠지만 걸그룹 원더걸스의 예은이라고 하면 대부분 알 것이다. 원더걸스는 2007년 데뷔해 〈텔 미〉〈노바디〉로 선풍적인 인기를 끌었던 그야말로 국민 아이돌이었다. 소위 2세대 K팝의 대표 주자로 활약하다가 2014년 사실상 활동을 중단하면서 예은은 핫펠트라는 활동명으로 홀로서기를 시도했다. 이후 소속사도 아메바컬쳐로 옮긴 후 직접 작사, 작곡한 앨범을 들고 돌아왔다.

오랫동안 대중문화를 담당했던 기자로서 누구보다 핫펠트를 잘 안다고 생각했던 나는 2020년 4월, 그가 〈1719〉라는 앨범으로 돌아왔을 때 적잖이 놀랐다. 코로나19로 어수선한 시국에 조심스럽게 대면으로 마련된 기자 간담회 자리였다. 공식적인 행사나 인터뷰에서 종종 스치듯 봐 왔지만, 이렇게 가깝게 마주 앉은 것은 실로 오랜만이었다. 물론 마스크를 낀 채였다. 반가움과 동시에 호기심이 발동했다.

핫펠트는 '진심 어린, 마음에서 우러나온' 등의 의미를 지닌 'Heartfelt'라는 영단어에서 따온 이름이다. 〈1719〉앨범에는 앞으로 진심이 담긴 음악을 하겠다는 의지와 포부를 담았다. 마스크 위로 드러난 또렷한 눈동자에서 이전 원더걸스 때와는 뭔가 달라진 분위기를 감지할 수 있었다.

2017년부터 3년의 정성이 들어간 앨범이에요. 분위기가 좀 어두워서 발매를 주저했는데 지난해 추가 곡 작업을 하면서 확신이 들었어요. 앨범과 관련된 동명의 에세이 스토리북도 썼어요. 3년간 헤매지 않았으면 나오지 않았을 타이틀입니다.

자신의 이야기를 노래하다

2017~2019년의 3년은 핫펠트에게 혹독한 시련의 시기였다. 2017년 초 끝내 원더걸스가 공식 해체했고, 2018년엔 목사인 부친이 수백억 원대의 사기 및 성추행 혐의 등으로 구속, 기소되었다. 핫펠트는 열두 살 때 부모가 이혼한 뒤 부친과는 사실상 인연을 끊고 지내왔기 때문에 당연히 부

가장 사적인 마음의 탐색

친과 관련된 사건에 연루됐을 리가 없다. 그러나 잘 알려진 연예인이자, 단지 가족이라는 이유로 손가락질을 받았다. 하지만 핫펠트가 진짜 참을 수 없는 건 대중의 비난이 아니었다. 이런 상황을 초래한 아버지에 대한 분노였다. "아버지를 용서할 수 없어요." 당시 기자 간담회에서 들은 그 말엔 날이 서 있었다. 이미 스타의 반열에 오른 뮤지션으로서의 내밀한 고백이기도 했다. 평소 모범생 이미지가 강했기에 직접 입 밖으로 내뱉은 어두운 가정사가 유난히 충격적으로 다가왔다.

2007년 고교생 신분으로 원더걸스에 합류했던 예은은 이듬해인 2008년 수능 정시 모집으로 경희대 예술학부 포스트모던음악 전공에 합격했다. 눈코 뜰 새 없는 방송 활동 때문에 학교에 출석하기도 쉽지 않은 상황이었으나 손에서 교과서를 놓지 않은 결과였다. 교과서가 없을 때는 소설이나 인문서, 신문을 틈틈이 읽었다. 고집스럽게 연예 활동과 학업을 병행하던 당시 그의 말은 당돌했다.

열심히 해서 (대학에서) 장학금을 타고 싶어요. 연예인은 공부 안 한다는 통념을 깨고 싶어요.

열정으로 똘똘 뭉친 모범생의 답안이었다.

그런데 핫펠트는 〈1719〉에서 지우고 싶었을 법한 개인
사를 낱낱이 꺼내 들었다. 일기 형식의 스토리북을 통해 노
래 한 곡 한 곡에 얽힌 사연을 공개했다. 그 안에는 부친의
성폭력 피해자에 대한 사과, 그로 인해 자신도 받아야 했던
1년간의 심리 치료와 방황이 고스란히 담겨 있었다. 한없이
타오르던 열정이 꺾이는 순간 시커먼 재처럼 변해 버린 번
아웃의 심정을 솔직하게 가사에 표현했다. 몇 년 전 같으면
상상도 할 수 없는 자기 고백이었다.

이 중 영어 가사로 쓴 곡, 〈라이프 석스Life Sucks〉는 거침
없는 솔직함으로 아버지의 이야기를 쏟아낸다. 가사는 이
렇다.

29년 만에 처음으로 아버지가 내게 편지를 썼다

For the first time in my 29 years, Daddy wrote me a letter

나 좀 꺼내 줄 수 있니?

Could u bail me out?

인생은 누구에게나 별로다

Life sucks for everybody

그렇다. 인생은 참으로 가혹하다. 번아웃의 심리를 솔직하게 반영한 노래도 있다. 〈1719〉에 수록된 〈새신발〉이다.

빌딩 사이로 새는
볕을 따라 이리저리 뛰었네
정신없이 살아 나의
그림자조차 지치게
오늘 하루 얼마나
일했나를 계산하다
또 중요한 걸 놓쳐
우린 얼마큼을 쉬었나
삶은 호의적이지 않았음을 증명했어

창작의 고통, 앨범 성적, 주변의 시선, 뭐 이런 것들이 다 저를 지치게 했던 것 같아요. 특히 개인적으로 힘든 일도 있었고 모든 게 좀 겹쳐서 제가 (이 일을) 계속할 수 있을까 하는 생각을 많이 했었죠.

고통을 드러낸다는 것

하지만 핫펠트는 그럼에도 불구하고 자신이 음악을 너무 좋아한다는 것, 그리고 여전히 하고 싶은 게 있다는 걸 알았다. 그래서 고통을 덮어 두는 대신, 드러내는 쪽을 택했다. 핫펠트의 고백에는 용기를 넘어서는 관조觀照적 의기意氣가 배어 있었다.

또 생각보다 많은 사람이 상처를 안고 살아가더군요. 그런데 그걸 그냥 덮어 두기보다는 확 털어내고 나면 시원하고 후련한 게 있거든요. 그래서 저에게도 (앨범이) 그런 계기가 됐고 또 들으시는 분들한테도 그렇게 된 것 같아서 만족하고 있습니다.

앨범과 함께 낸 에세이는 처음부터 출간을 목적으로 한 것이 아니었다. 자신을 위한 심리 치료 목적이 우선이었다. 나라면 어떨까? 내 치부를 이토록 많은 이들 앞에 대수롭지 않게 꺼낼 수 있을까? 솔직히 자신 없다. 일반인도 쉽지 않았을 텐데 예은은 곪은 상처를 헤집었고 남들의 시선에 정면으로 맞섰다.

가장 사적인 마음의 탐색

음악 안에서 이야기하지 못한 부분을 글로 보여 드리면 이해가 쉽지 않을까 생각했어요. 제가 원래 뭘 숨기거나 감추지 못해요.

연예인으로서 아버지의 과오를 인정하고 자신이 심리 치료를 받았음을 고백하는 건 결코 쉬운 일이 아니다. 그러나 핫펠트는 굳이 말하지 않아도 될 아픈 지점들을 떳떳이 고백함으로써 서서히 트라우마에서 벗어나고 있다고 밝혔다.

내일은 좀 화창했으면 해
빛이 좀 들게 새 신발이 가는 곳에
걷다가 멈추다가 뛰다가
서 있다 보면
언젠간 편해질 거야
익숙해질 거야

그래서 그는 만약 당신이 힘들다면 그냥 아프게 자신을 내버려 두지 말고 누군가에게 자기 이야기를 털어놓으라고 말했다.

저는 그래서 정말 좀 많이 힘드신 분이 있다면 심리 치료를 반드시 받아 보라고 권해드리고 싶어요. 저도 처음엔 이게 도움이 될까 하는 생각을 많이 했어요. 전혀 모르는 사람에게 나에 관한 이야기를 얼마나 할 수 있을까 회의가 들었어요. 시간을 낭비하는 건 아닐까 생각했어요. 그러나 일주일에 한 번씩 전문가 선생님을 만나서 계속 이야기를 하니까 제 안에 숨겨져 있던 감정들을 돌아보게 되더라고요. 어떤 결론을 내리는 게 아니라 원인을 찾아가고 상담하는 게 도움이 됐어요. 책을 써 보라고 추천해 주신 것도 선생님이에요. 제 치료를 위해 적었던 게 에세이로 나왔어요. 그래서 힘드신 분들은 꼭 심리 치료를 받아 보시면 좋을 것 같아요.

그가 오랜 시간을 견딘 끝에 내놓은 조언이다. 핫펠트가 따가운 시선과 편견을 무릅쓰고 용기를 낸 건 가족들의 이해와 응원 덕분이었다. 그리고 그건 반드시 덜어내야 할 마음의 짐이었다.

엄마와 언니, 남동생은 지난 13년간 '연예인 가족'으로 살면서 저 때문에 어쩔 수 없이 받아들인 게 많아요. 해명하고 싶지만 못하는 부분도 있었고요. 그래서 이번 앨범과 스토리북에 대해 후련해 하더라고요. 또 이 앨범은 저를 위한 것이기도 해요. 제 나름의 극복 방식이죠. 이런 시간을 겪는 사람들이 생각보다 많은 것 같아요. 함께 그 시간을 견딜 수 있는 존재가 됐으면 했습니다.

솔로 독립 이후 지난 4년간 핫펠트는 누구보다 강렬했던 열정으로 인한 번아웃에 시달렸다. 그룹이 해체되어도 싱어송라이터로 자신만의 이야기를 계속해 나가겠다는 열정이 있던 반면, 해묵은 과거가 발목을 잡는 번아웃을 겪었다. 높이 솟았던 만큼 번아웃의 골은 깊고 넓었다. 한때는 모든 걸 포기할까 하는 생각까지 했다. 그러나 그때마다 핫펠트를 부여잡은 건 음악이었다. 그룹이 아니어도 혼자 음악을 할 수 있다는 것, 남들이 뭐라고 손가락질해도 자신만 떳떳하면 문제될 게 없다는 것을 깨달았다. 그럼 나는 어떤가? 핫펠트에게 음악이 버팀목이었다면, 나에겐 기사와 취재원이 나를 지탱해 준 힘이었을까? 선뜻 대답이 안 나왔다. "핫펠트 참 대단하다." 나는 그때 마음속으로 핫펠트를 응원했다. 그가 용기 있게 딛고 일어선 자리에 햇빛이 따뜻하게 비치길 진심으로 바랐다.

한국 사회에서 아이돌만큼
극단적인 번아웃에 시달리는 직업군도 드물 것이다.
그들은 무대 위에서는 누구보다 화려하게 빛나고 열정적이지만
무대를 내려오는 순간 탈진을 호소하곤 한다.

열정적인 초심자의 마음

그로부터 1년여 만인 2021년 10월 핫펠트를 다시 만났다. 지난 1년 사이 핫펠트는 훨씬 더 솔직하고 당당해져 있었다. 그동안에도 계속해서 자신만의 음악을 발표하고, 민감한 사회적 이슈에도 과감하게 목소리를 냈다.

새삼 핫펠트가 예은이던 시절, 그것도 막 데뷔를 했던 14년 전의 추억이 스쳤다. 2007년 3월이었다. 당시 갓 데뷔한 신인이었던 원더걸스와 단독으로 인터뷰를 했다. 그때만 해도 가수들이 신문사 사무실로 직접 찾아와 새로 나온 앨범 CD를 홍보하고 곧바로 대면 인터뷰를 했다. 지금으로 치면 언론 매체를 상대로 온라인 쇼케이스를 여는 셈이다.

당시 찾아온 원조 멤버는 선예, 예은, 선미, 현아, 소희 5명이었다. 당시 그들은 모두 중학생, 고등학생이었다. 진한 메이크업을 하고 옷을 차려입었지만 학생 티가 줄줄 흘렀다. 준비된 인사말 외의 질문에는 주저하는 모습을 보였고, 신인 특유의 패기가 있었지만 긴장된 표정을 숨길 수 없었다. 열정으로 똘똘 뭉쳤지만 어쩔 수 없는 허술함이 풍겼다. 마침 매니저가 음료수를 사 오겠다면서 잠시 방을 비운 사이 나는 음악 활동과는 무관한 '호구 조사'를 시작했는데, 오랜 인터뷰 경험상 가족과 친구에 관한 사적인 이야

가장 사적인 마음의 탐색

기를 하면 경계심을 풀고 대화를 이어 가기가 좋기 때문이
다. 게다가 운이 좋으면 생각지도 않은, 내밀한 이야기도 들
을 수도 있다. 자신에게 유리한 방향으로 적절하게 마음을
숨기는 법을 아직 몰랐던 원더걸스 또한 얼떨결에 이런저
런 내밀한 가정사를 털어놓았고, 대화가 한창 무르익던 중
에 음료수를 사 온 매니저가 방으로 들어오면서, 순간 정적
이 흘렀다. 얼결에 비밀스러운 가정사를 고백해 버린 멤버
들의 상황을 파악한 매니저는 당황한 표정이 역력했다. 나
는 '이런 것으로 기사를 쓰진 않을 테니 걱정 마라'며 안심
시켰다. 물론 진심이었고 약속은 철석같이 지켰다. 이제 막
데뷔한 소녀들의 진심과 열정에 재를 뿌릴 일은 없었다.

핫펠트에게 10여 년 전의 이 이야기를 들려주며 당시 내
가 썼던 기사도 보여 줬더니 언제 그런 일이 있었냐는 듯
신기해하며 웃었다. 사실 예은은 5명의 멤버 중에서도 가
장 화려하게 데뷔한 축에 속한다. 선예는 어린 나이에 영
재 프로젝트를 통해 선발돼 오랫동안 연습생 시절을 지냈
고, 다른 멤버들도 적지 않은 시간을 연습생으로 보냈다.
그러나 예은은 원더걸스가 결성될 무렵 치러진 마지막 오
디션에서 1500대 1의 경쟁률을 뚫고 합격하며 극적으로 합
류했다. 마지막 남은 한 자리를 스스로 따낸 열정적 주인

공이 된 것이다.

그 당시에는 아이돌이 되고 싶었던 것 같아요. 워낙 어릴 때
부터 S.E.S나 핑클 선배님을 보면서 저도 가수의 꿈을 키워
왔고 걸그룹 활동이 너무 멋있어 보였거든요. 그래서 노래도
하고 연습도 했던 것인데 오디션에 뽑히면서 생각보다 빨리
데뷔를 했던 것이죠.

하지만 너무 빠른 성취도 문제였다. 연습생 기간을 충분
히 보내지 않고 활동에 나서다 보니 많은 것이 혼란스러웠
다. 갑작스러운 관심과 사랑도 감당하기 부담스러웠다. 연
습을 오랫동안 해 온 동료들에 비해 실력이 부족하다는 조
바심도 밀려왔다.

춤도 그렇고 여러 가지로 부족한 게 느껴져서 멤버들이 연습
끝내고 먼저 가도 저는 늦게까지 남아서 하는 날들이 좀 많았
어요. 회사 근처 숙소에서 합숙하면서 날마다 숙소와 연습실
만 왔다 갔다 한 기억이 납니다.

　　　　　　　　　　　　　가장 사적인 마음의 탐색

가파른 성공의 뒷모습

원더걸스의 데뷔 앨범 〈아이러니〉는 큰 인기를 얻지 못했지만 〈텔 미〉와 〈노바디〉는 대성공을 거두었다. 당시엔 〈텔 미〉의 안무를 모르면 간첩이라고 말해도 될 정도로 전 국민적인 인기를 끌었다. 너나 할 것 없이 그 춤을 패러디했다. 폭발적인 인기라는 말은 당시 원더걸스를 두고 하는 말이었다.

워낙 수많은 보이그룹과 걸그룹, 솔로 아티스트 등이 활동하며 경합을 겨루기 때문에 앨범을 발표하고 1~2주 안에 흥행 성적이 판가름 나는 경우가 많다. 2주 안에 음원 차트나 음악 방송, 앨범 판매에서 두각을 나타내지 못하면 그대로 사라지고 만다. 그래서 새 앨범을 발표한 후 전체적인 활동 기간은 한 달을 넘기기가 쉽지 않다. 그만큼 신곡의 수명이 짧다. 그러나 원더걸스의 〈텔 미〉는 2007년 하반기 내내 대한민국을 뜨겁게 달궜다. 발표 이후 7주 연속 음원 사이트 정상을 지켰고 3000회 넘게 방송됐다. '경찰 텔 미' '군인 텔 미' '고3 텔 미' 등 수많은 패러디 영상물이 쏟아졌다.

정말 대단했죠. 사실 멤버들은 너무 바빠서 그런 인기를 실감하지도 못했지만 그 바쁜 와중에도 기억에 남는 건 있어요.

포털 사이트에 검색어가 있었는데 원더걸스가 항상 1위였죠. 그것도 몇 달 동안…. 신기하면서도 그게 계속 이어지니까 어느 날은 자연스럽게 느껴지기도 하고 수많은 패러디가 나올 때마다 '와 우리가 진짜 많이 사랑받고 있구나' 하고 생각했던 것 같아요.

그리고 이듬해의 〈소 핫〉에 이어 원더걸스의 또 하나의 히트곡 〈노바디〉가 나왔다.

〈노바디〉는 원더걸스가 국제적인 명성을 얻는 데 밑거름이 됐다. 〈노바디〉로 미국 지상파 TV 토크쇼에 처음 출연했고, 2009년 한국 가수 최초로 빌보드 메인 싱글 차트인 '핫 100[1]'에서 76위에 올랐다.

저희가 (한국행) 비행기에서 내리자마자 그 소식을 들었던 걸로 기억을 하는데 '우리 핫100 들었대' 이러면서 서로 얼싸안

---

1 빌보드 '핫 100'의 기록은 원더걸스에서부터 시작된다. 요즘은 방탄소년단이 신곡을 내기만 하면 '핫 100' 넘버원에 오르지만 원더걸스 이전까지 한국 가수들에게 '핫 100'은 넘을 수 없는 벽 같은 것이었다. 팝스타들이 즐비한 차트에서 한국 가수가 순위에 오른다는 건 상상하기 어려운 일이었다. 그런 편견을 원더걸스가 깼다. '핫 100'은 스트리밍 횟수, 다운로드 횟수, 그리고 라디오 방송횟수를 합해 순위를 정한다.

가장 사적인 마음의 탐색

고 기뻐했던 기억이 나요.

지금도 원더걸스의 미국 진출에는 찬사와 비판이 공존하고 있다. 빌보드 '핫 100' 76위에 오르는 성과를 낸 것은 대단하지만 굳이 그렇게까지 하면서 오랫동안 미국에 머물 필요가 있었느냐는 지적이다. 미국 활동을 시작한 지 얼마 되지 않은 원더걸스가 2009년 8월 LA 다운타운의 한 호텔에서 진행한 기자회견에서 그런 시각의 일면을 엿볼 수 있다. 원더걸스는 당시 미국 십대들의 우상과도 같았던 밴드인 조나스 브라더스와 함께 투어 공연을 다녔다. 처음엔 10여 회의 오프닝 공연 계약이었던 게 48회로 늘어나며 미국 50개 주를 거의 다 돌다시피 하는 장기 공연 계약으로 바뀌었다. 미국에서는 신인이나 다름없는 원더걸스로서는 분명히 좋은 기회였을 수도 있다. 그러나 지금 K팝이 해외에 진출하는 방식과 비교하면 불필요한 시간과 에너지의 낭비가 아니었나 하는 회의론도 있다. 게다가 이제 막 학교를 졸업한 어린 소녀들이 장기간 가족과 떨어져 머나먼 타지에서 숙소를 자주 옮겨 가며 생활하는 것은 분명 외롭고 고된 일이었을 게 분명하다. 미국에서 꼭 성공하겠다는 열정, 레전드 걸그룹이 되겠다는 각오가 아니었으면 불가능했을 일이다.

이는 지금 방탄소년단의 활약과 비교해 보면 참으로 격세지감을 느끼게 한다. 방탄소년단의 1위 점령 이후 빌보드 차트는 이제 국내 가요 차트쯤으로 여겨질 정도로 우리에게 익숙하다. 방탄소년단 외에도 NCT 127, 세븐틴, 블랙핑크, 트와이스 등이 어렵지 않게 차트에 오르내리고 있다. 그러나 불과 10여 년 전만 해도 빌보드는 한국 가수들이 다가가기엔 너무나 큰 장벽이었다. 그 벽을 뚫어 새 길을 만든 게 바로 원더걸스였다.

그러나 원더걸스는 그 이상의 주목을 받지는 못했다. 미국 주류 시장에 처음 도전한 아시아 걸그룹의 한계였다고 할 수 있다. 그래도 원더걸스의 열정적인 시작과 도전이 아니었다면 지금 방탄소년단의 성과도 기대할 수 없다. 국내 최고 그룹으로서 힘겨운 타국 생활을 견디며 나아간 것은 열정 덕분이었다.

지금 생각해 보면 되게 재미있게 해외 활동을 했어요. 투어 버스를 타고 다녔었거든요. 그래도 나이가 어려서 그랬는지 마냥 신나고 재미있었던 것 같아요. 한 50개 주를 돌았어요. 캐나다도 갔었고, 멕시코까지 갔으니까요. 그러나 다시 생각해 보면 설움도 있었죠. 아무래도 한국에선 저희도 대우받는 스타였는데 미국에서는 완전히 신인이니까요. 조나스 브라더스의 투어에 참여했는데 조나스에 대한 대접과 저희에게 하는 것은 좀 다른 게 보였으니까요. 영어도 서툰 때여서 뭐랄까, 저희가 못 알아듣는 부분에서는 뭔가 비웃는 것 같기도 하고 이런 기분이 들 때가 있었죠.

2011년 11월 원더걸스 2집 앨범 〈비 마이 베이비〉 발매 기념 기자 간담회 자리는 완전히 눈물바다였다. 서울 강남의 한 호텔에서 열린 간담회에서 유빈은 '또래들처럼 학교 생활을 하고 싶지 않냐'는 질문에 참았던 울음을 터뜨렸다. 옆자리에 있던 예은도 덩달아 눈물을 흘렸다. 2년 전 미국에 진출한 뒤 겪었던 시련과 설움이 갑자기 북받친 모양이었다. 그로부터 오랜만에 국내 무대에 복귀하는 심정이 참으로 복잡다단했으리라.

2009년 6월 미국 진출을 선언한 이후 원더걸스는 한동안 현지 투어 공연에 전념했다. 당시 그들의 파이팅 넘치는 도전과 열정은 박수 받을 만한 일이었으나 투어 버스에서 고생하는 것을 안타까운 시선으로 바라보는 시각도 존재했다. 오죽하면 미국 투어가 한창이던 그해 9월 SNS에 박진영이 원더걸스 멤버들과 라면을 끓여 먹는 모습이 화제가 되었을까. "이번 투어 기간에 먹은 라면이 내가 평생 먹은 라면보다 많다"고 한 박진영의 글은 마냥 웃을 수 없는 감정을 불러일으켰다.

어쨌거나 예은은 원더걸스로서 더없는 성공을 맛봤다. 성인도 되기 전에 데뷔해 곧 국내에서 선풍적인 인기를 끌고 2년 만에 세계 시장까지 진출한 것은 K팝 역사에서 잊을 수 없는 기록이 됐다. 그러나 성공한 그룹에도 시련은 있었다. 화려한 도약 뒤에는 내리막이 도사리고 있었다. 일부 멤버가 교체되었고, 결국 원더걸스는 2017년 해체됐다.

2세대 K팝 시대가 저물어 가는 순간이었다. 소속사가 기획해서 만든 그룹은 해체하면 멤버끼리 계속해서 활동하기가 쉽지 않다. 작사·작곡이나 프로듀싱을 소속사에 의지하는 경우가 많기 때문이다. 원더걸스도 마찬가지였다. 결혼과 연기자 전업을 고민하거나 혹은 활동 여부 자체를 두고 고민에 빠졌다. 예은도 마찬가지였다. 그런데 혼란에 빠진 그에게 위로와 영감을 준 예상 밖의 영화가 있다. 할리우드 마블 스튜디오의 블록버스터 〈아이언맨3〉다.

가장 사적인 마음의 탐색

작은 것들에서 온 영감

솔로를 결심하고 1집을 준비할 때는 심리적으로 부담이 컸어요. 원더걸스가 끝났고 '아 이제 나는 뭘 어떻게 할 수 있을까' 하는 기분이 들었거든요. 그때 본 영화가 〈아이언맨3〉예요. 다른 분들은 재미 삼아 오락으로 보는 영화였을지 모르지만 제게는 큰 영감이 됐어요.

〈아이언맨3〉의 첫 장면에는 토니 스타크(로버트 다우니 주니어)의 해변 위 저택이 나온다. 극 중 세계 최고의 부자를 연기한 그의 저택은 으리으리하다. 그런데 갑자기 적의 공격을 받아서 저택이 순식간에 와르르 무너져 내린다. 스타크는 아이언맨 수트를 입고 구사일생으로 탈출하지만 도중에 수트가 망가져서 외딴곳에 추락한다.

그때 스타크는 큰 절망에 빠져요. '나는 이제 아무것도 없어'라며 실망하는데 그때 웬 어린 친구가 나타나서 '당신은 기술자잖아요. 수트가 망가졌으면 당신이 다시 수트를 만들면 되죠'라고 하거든요. 저는 그 말이 꼭 제게 하는 말 같았어요. 정말 큰 위로가 됐어요. 이제 원더걸스는 없지만 저는 곡을 만들 수 있으니까 제가 하고 싶은 노래를 만들면 되겠다는 생각이 드는 거예요. 그렇게 해서 용기를 내 만든 곡이 1집의 〈아이언걸〉이라는 인트로곡이에요. 이런 식으로 뭔가 작은 것들에서 영감을 얻었어요.

한발 뒤로 물러섰다고 졌다고 생각하지
두 눈에 보이지 않아 끝이라 말들 하지
위기는 곧 기회 상처는 갑옷이 돼
No one can break it I guard my heart, do you see that?
절망이란 미로 속에 길을 잃어도 선택의 기로에서 비로소 난
나를 믿어
일어서야 해 죽지 않았으니 강해질 뿐야
역전승이 바로 내 전문 분야

무쇠같이 단단한 팔 강철 같은 다리
I, I, I'm Iron girl
찌를 테면 찔러 봐 멋대로 퍼부어 봐
I, I, I'm iron girl

핫펠트는 외치고 있었다. 'I, I, I'm iron girl'이라고. 그렇

가장 사적인 마음의 탐색

게 나온 앨범이 핫펠트의 첫 미니 앨범 〈미?〉다. 이 앨범에는 〈아이언 걸〉을 비롯해 7곡이 실렸다. 타이틀곡은 〈에인트 노바디〉다. 핫펠트가 이우민과 함께 전곡을 작사·작곡했다. 솔로로 다시 출발하는 각오를 한데 모았다.

일단 박진영 프로듀서님도 저한테 솔로로 했으면 좋겠다고 얘기를 하셨어요. 그래서 어떤 식으로 할까라는 얘기를 하다가 '너가 곡 작업을 해 와라'고 하시더라고요. 원더걸스 앨범 때도 작업을 한 적이 있으니 이번엔 전곡을 직접 만든 앨범을 내면 너무 좋을 것 같다고 해서서 그때부터 본격적으로 매달린 것이죠.

2012년 6월 원더걸스가 미니 앨범 〈원더 파티〉를 내놓았을 때는 예은의 역할이 컸다. 일렉트로닉 사운드에 힙합 비트를 결합한 장르였는데 타이틀곡 '라이크 디스'는 각종 음원 차트 상위권에 올랐다. 한동안 지속했던 복고 콘셉트를 벗은 새로운 도전이었다. 이때 예은은 수록곡 〈리얼〉과 〈걸 프렌드〉 2곡이나 직접 작사·작곡했다.

하지만 〈에인트 노바디〉를 보면 이때와는 전혀 다른 결에 사뭇 놀라게 된다. 너무 성숙하고 어두워진 분위기에 압

도당하게 된다.

막상 그 앨범을 들어본 박진영 프로듀서가 굉장히 놀랐어요. 너무 어둡다. 이게 원더걸스로서 네가 알려진 이미지와는 맞지 않다. 그래서 반대를 많이 했어요. 하지만 저는 그 곡들에 대한 애착이 있었고 이런 음악을 해 보고 싶다고 설득했어요.

심한 반대에도 불구하고 핫펠트가 뜻을 굽히지 않은 건 이제는 자신만의 음악적 색깔을 보여 주고 싶었기 때문이다. 원더걸스로서 보여 줬던 이미지도 자신의 일부지만 원더걸스가 되기 전에 가졌던 음악에 대한 생각과 이미지를 오롯이 드러내고 싶었다.

아무래도 원더걸스의 음악은 박진영 프로듀서가 주도해서 만든 음악이었기 때문에 저랑 색깔이 다를 수밖에 없었던 것 같아요. 그리고 저는 깊게 생각하기보다는 마음을 먹으면 그냥 좀 해 보는 스타일이거든요.

2014년에 발표한 〈에인트 노바디〉는 잠시 차트 1위에 오르긴 했으나 원더걸스 때처럼 폭발적인 반응은 끌어내지 못했다. 기대 이하의 음원 성적이어서 소속사는 물론 핫펠트도 충격을 입었다.

실패가 가르쳐 준 것

그때는 진짜 저도 많이 충격받았던 것 같아요. 왜냐하면 원더걸스 때 음원을 내면 항상 1위만 했으니까요. 뭔가 이렇게 성적이 안 나올 수 있다는 것에 대해서 많이 놀랐죠. 그때 좀 현실을 깨달았다고 할까요. '아, 원더걸스가 정말 운도 좋았고 많은 분들의 넘치는 사랑을 받았던 거구나.' 그러면서 음악을 보는 눈은 더 넓어지게 된 것 같아요. 다른 인디 아티스트에 대해서도 관심을 가지게 됐죠.

핫펠트는 실패에서 배웠고, 그와 동시에 스스로 인정하고 위로하는 방법을 터득했다. 그는 수없이 속으로 '그러지 않아도 괜찮아'라고 되뇌었다.

원더걸스로서 사랑을 받았을 때도 너무 좋았지만 제가 정말 제 이야기들을 담은 앨범들을 했을 때는 팬들의 피드백이 다르더라고요. 좀 더 내밀한 피드백들이 있었고, 본인의 이야기를 들려주시는 분들도 많았어요. 그러다 보니 스스로에게 의미가 있었고, 왠지 모를 만족감이 있었죠. 처음으로 성적과 상관없이 '그러지 않아도 괜찮아'라고 말했던 것 같아요.

핫펠트의 '그러지 않아도 괜찮아'는 자기 연민 끝에 얻은 위로의 표현 같다. 집착으로 변해버린 열정을 잠시 내려놓고 꼭 성공하지 않아도, 모두에게 인정받지 못해도 괜찮다는 여유와 포용을 의미한다. 따라서 그로부터 다시 6년 만에 내놓은 〈1719〉는 핫펠트로서의 정체성을 더욱 뚜렷하게 외치는 앨범이 된 것 같다. 그가 말하는 시련의 3년 동안 그는 번아웃의 고통을 '그러지 않아도 괜찮은' 내적 성숙으로 승화시켰다고 할 수 있다.

제가 완벽하게 독립을 했다고 말할 수 있는 시기가 2017년부터일 것 같아요. 그래서 〈1719〉는 제가 2017년부터 2019년까지 겪었던 감정들, 저의 생각들 그런 것들을 담은 이야기로 중요합니다. 정말 저 홀로 남겨진 것 같은 시간이었고 동시에 조금 더 독립적으로, 조금 더 단단해진 시간이라고 생각합니다.

가장 사적인 마음의 탐색

자기 고백에 당당해서였을까, 그만큼 단단해져서일까. 요즘엔 핫펠트에게 상담을 받으려는 사람들이 많다.

상담 요청이 제법 있어요. 저한테 개인적으로 DM 같은 것을 보내 주시는 분도 있어요. 아무래도 제 얘기들이 인터뷰나 방송을 통해 조금씩 알려지다 보니까 비슷한 아픔과 고민을 가진 분들이 조금 더 편하게 저한테 얘기를 꺼내시더라고요. 나도 비슷한 상처가 있다, 항상 핫펠트를 보면서 힘을 많이 얻는다고 하는 분들이 많아요.

실제로 핫펠트는 그룹 시절보다는 훨씬 열린 마음으로 팬들과 만나고 있다. 유튜브에 자신의 이름을 건 채널을 운영하며 소소한 일상을 나눈다. 삼계탕을 만들고 생일파티를 준비하고, 필라테스와 테니스를 즐기며 팬들의 질문에 대답하는 모습이 자주 포착된다. 요즘 유행하는 연예인 관찰 예능의 포맷을 하고 있으나 자기 생각을 편안하고 솔직하게 드러낸다는 점에서 다르다. 셀프 염색하는 동영상이 특히 눈길을 끈다. 핫펠트는 집 근처 마트에서 살 수 있는 일반 염색제를 사다가 털털하게 비닐을 뒤집어쓰고 셀프 염색에 도전한다. 저러다가 행여 망치면 어쩌나, 보는 사람이 더 걱정하게 되는데 그런 염려쯤은 신경도 쓰지 않는 눈치다. 핫펠트는 "실패하면 뭐 숍에 가면 되지"하며 씩씩하게 염색에 도전해 성공한다. 이렇게 자신의 경험을 토대로 제시하는 조언에는 웃음이 함께 담긴다.

저는 그냥 딱 한 가지만 말해요. '일단 살아라'고요. 다른 건 하고 싶은 것 다 해 봐도 되잖아요. 화가 나면 화를 내고 울고 싶으면 울고, 쉬고 싶으면 아무것도 하지 말고 쉬고. 그러나 다 좋은데 일단은 살자고요.

핫펠트는 지난여름 법무부의 디지털 성범죄 전문위원으로 위촉됐다. 연예인으로선 처음이다. 아마도 일에 대한 열정과 소신 있는 삶의 태도, 번아웃된 사람들을 향한 위로와 공감의 메시지가 전해진 모양이다.

일단은 서지현 검사님께서 저한테 개인적으로 연락을 주셨어요. 이런 위원회를 구성 중인데 예은 씨가 여자 아이돌이자 연예인으로서 겪었던 여러 가지를 공유해 줬으면 좋겠다고 하셨어요. 처음엔 이런 걸 해 본 적이 없어서 도움이 될지 모르겠다고 말씀드렸는데 그래도 같이 참여해 주면 좋겠다고 하셔서 흔쾌히 참여하게 됐습니다.

용감한 발화를 시작하다

핫펠트는 기술, 법률, 교육·홍보의 세 분야로 운영되는 위원회에서 교육·홍보 쪽에 힘을 보태고 있다. 사실 여성 연예인들은 이런 사회적 이슈에 적극적으로 의견을 내는 경우가 드물다. 우리 사회가 여전히 여성 연예인에 대한 편견이 심하기 때문이며, 때때로 남성 팬덤의 타깃이 될 수도 있기 때문이다. 따라서 대부분의 여성 연예인들은 이런 문제에 대한 언급 자체를 기피한다. 그러나 핫펠트는 자신의 생각을 가감 없이 드러내 왔다.

디지털 성범죄의 심각성이 정말 매우 빠르게 커지고 있거든요. 디지털 성범죄의 인식 개선 방법 등에 대해서 많이 논의하고 있습니다. 몇 차례 만나서 회의하기도 했으나 요즘엔 코로나19 때문에 화상 회의 형식으로 진행했습니다.

그러나 아쉽게도 2022년 5월 디지털 성범죄 위원회가 막을 내렸다. 대선 이후 정권이 바뀌고 검찰 조직이 새로 정비

되는 과정에서 서지현 검사가 위원회에서 빠지게 됐다. 다른 위원들은 전원 사퇴 의사를 표명했다. 핫펠트는 페미니즘처럼 민감한 주제에도 의견을 당당히 표현한다. 때론 이것이 인터넷상에서 공격의 대상이 되기도 한다. 그러나 전혀 개의치 않는 모습이다.

저는 매우 단순하게 생각하는 사람이라서 남성과 여성이 동등하다, 평등하다는 기본적인 가치관을 실천하는 게 페미니스트라고 생각해요. 그런데 페미니스트로서의 활동은 각자 다를 것 같아요. 서로 가치관도 다르고 어떤 사안에 대해 다양한 시각도 있을 테고요. 그런 것들을 더 많이 토론하고 합의점을 찾는 기회의 장이 되면 어떨까 하는 생각을 해요. 그리고 페미니스트라는 단어 자체는 곧 사라지지 않을까요? 왜냐하면 그건 옳고 그름을 떠나 당연한 삶의 가치이기 때문이죠.

원더걸스가 K팝을 시작한 이후로 많은 시간이 흘렀고 변화의 파고는 거대했다. 핫펠트는 '음악적으로 더욱 성숙한 가수, 오랫동안 사랑받을 수 있는 노래를 하는 가수'라는 꿈으로 다시 한번 도전하고 있다. 원더걸스에서 핫펠트로 자신의 색깔을 입히는 과정이자 K팝의 핫펠트라는 싱어송라이터로 다시 세계 시장의 문을 노크하는 여정이기도 하다.

일단은 세계가 점점 가까워지고 있잖아요. 물리적으로도 그렇지만 이제 유튜브나 SNS가 활성화되면서 굳이 자국의 콘텐츠가 아닌, 해외의 콘텐츠도 쉽게 소비할 수 있게 됐으니까요. 그래서 K팝 같은 더 좋은 콘텐츠들은 더 금방 부상을 하게 되는 것 같아요. 그리고 K팝도 역사가 굉장히 오래되다 보니까 노하우가 쌓였고, 더 글로벌하게 사랑받게 되지 않았나 생각합니다.

이런 말을 하는 핫펠트의 목소리는 매우 또렷했고 표정은 흔들리지 않았다. 주변의 눈치를 보는 법이 없었다. 그의 당당함에 매료되었다.

현대인이라면 누구나 열정과 번아웃에 노출된다. 큰 열정을 다한 사람일수록 더 큰 번아웃에 시달릴 수도 있다. 핫펠트도 똑같은 경험을 거쳤다. 그는 '어떻게 하면 번아웃을 극복할 수 있을까'라는 당초의 나의 질문이 무색할 정도로 현명한 해답을 내놨다.

요즘 번아웃을 겪고 계신 분들이 굉장히 많은 것 같아요. 사회적으로도 저도 그랬었고. 제가 어디서 읽었는데 번아웃이라는 것 자체가 정말 최선을 다했기 때문에 올 수 있는 거라고 하더라고요. 어떻게 보면 정말 저를 불태워서 뭔가에 열정을 쏟았기 때문에 번아웃이 올 수 있는 거죠. 그래서 지금 번아웃을 겪고 계신다고 하더라도 '내가 그동안 최선을 다했고 열심히 살았다'고 스스로 위로하고 보듬어주면 좋지 않을까 하는 생각을 합니다. 그렇게 또 하다 보면 어떤 새로운 열정도 싹 틀 수 있잖아요. 저는 물론 음악 활동을 더 열심히 할 겁니다. 그래서 매년 콘서트를 열 수 있는 가수가 되는 게 꿈입니다.

최선을 다했다며, 스스로 위로하고 보듬어 주라는 말, 세상이 아무리 무너져도 "일단 살아라"는 말은 편안하지만 강렬했다. 무엇보다 자신의 인생에서 무언가를 깊이 체화한 사람만이 할 수 있는 묵직한 조언이기 때문이다. 그 말을 계속 곱씹게 될 정도로 좋았고, 핫펠트에 관한 연말 기사는 "일단 살아라"라는 문장으로 서두를 열었다. 어김없이 한 해의 마지막에 찾아오는 계절성 번아웃에 시달리고 있었지만 핫펠트로부터 '일단 살아라'라는 말을 직접 들었을 때, 그리고 노트북 앞에 앉아 그 문장을 한 글자씩 타이핑을 하

가장 사적인 마음의 탐색

는데 가슴 깊은 위안이 느껴졌다. 나도 이젠 누군가에게 핫펠트에게 받은 위안을 제대로 전할 수 있을 것 같았다.

함께 들으면 좋은 노래

라이프 석스 핫펠트 노래 | 핫펠트, 이우민, Fredrik 작곡 | 핫펠트 작사

핫펠트는 앨범 〈1719〉에서 숨기고 싶었을 개인사를 낱낱이 드러냅니다. 영어곡 〈라이프 석스〉는 노랫말부터 강렬합니다. 핫펠트는 부친에 대한 분노를 이 곡에 적나라하게 담았습니다. 이렇게 솔직해도 되나 싶을 정도인데요. 뮤직비디오를 보면 더욱 충격적입니다. 자신의 기사로 도배된 방안, 핫펠트가 흰 원피스를 입고 있는데 머리부터 발끝까지 피 얼룩이 져 있습니다. 표현 방식이 다소 세다는 느낌이 들지만 그동안의 방황과 고민을 극명하게 보여 주고 있습니다.

새신발 핫펠트 노래 | 개코, YUTH(GTCK)작곡 | 개코 작사

번아웃의 심리를 가장 잘 표현한 곡입니다. "정신없이 살아 나의 그림자조차 지치게/오늘 하루 얼마나 일했나를 계산하다/또 중요한 걸 놓쳐 우린 얼마큼을 쉬었나/삶은 호의적이지 않았음을 증명했어" 새로움(새신발)은 설레지만 동시에 익숙하지 않음에서 오는 불안함을 늘 내포합니다. 삶의 무게에 눌려 중요한 것을 놓칠 수 있고, 인생에서 모든 게 호의적일 순 없죠. 그러나 핫펠트는 이런 상황에서도 꿋꿋이 살아가는 하루가 나름의 가치가 있다고 위로합니다.

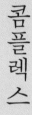

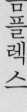

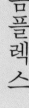

8장

콤플렉스

남들보다 못하다는 열등감 사이에서

제 경험으로 미루어볼 때 콤플렉스가 없는 사람은 없었어요.
다들 콤플렉스 하나쯤 갖고 있는데, 없는 척하고 살고 있지 않나요?

극복하지 말고,
일단 받아들여야 합니다

방송인 홍석천의 콤플렉스 탐색

안진용

난 늘 그와 많이 다르다고 생각해 왔는데, 사람들은 고독해지
면 똑같다는 걸 깨달았다.

왕자웨이 감독의 1997년 영화, 〈해피투게더〉 속 대사다. 서
로를 사랑하지만 사소한 다툼으로 이별하고 또다시 만날
수밖에 없는 두 사람의 숙명에 대해 아휘는 이렇게 되뇐다.
　이 표현은 참으로 중의적이다. 극 중 아휘의 연인은 보영
이다. 두 사람 다 남자다. 그래서 개봉 당시 '파격적 설정'이
라는 수식어가 꼬리표처럼 따라붙었다. 동성애를 이처럼
전면에, 게다가 아름답게 다룬 영화를 찾아보기 어려웠던

탓이다.

아휘와 보영의 관계로 좁혀서 생각하자면, 이 대사는 일상적인 연인 간의 관계 속 대화일 뿐이다. 하지만 그들의 동성의 사랑을 불편한 시선으로 바라볼 수 있는 이들까지 포함시켜 보자. 이성애를 당연하게 여기는 그들에게 이 대사는 다르게 읽힌다. '난 늘 그(동성애자)와 많이 다르다고 생각해 왔는데' 막상 〈해피투게더〉를 보고 있노라니 '사람들은 고독해지면 똑같다는 걸 깨달았다'고 생각하지 않을까?

〈해피투게더〉가 국내 개봉할 당시 관람 등급은 '청소년 관람불가'였다. 통상적으로 '19금' 등급을 받는 영화는 수위 높은 노출(선정성)이나 폭력적인 장면이 포함한다. 하지만 〈해피투게더〉는 이와는 거리를 둔다. 하지만 그 당시만 해도 청소년이 보기에는 유해한 콘텐츠로 분류됐다.

그렇다면 리마스터링 버전으로 복원돼 2021년 2월 재개봉한 〈해피투게더〉의 관람 등급은 어땠을까? '15세 이상 관람가'였다. 약 20년의 간극을 두고 같은 영화를 바라보는 시각이 크게 달라진 셈이다. 이는 동성애에 대한 대중의 인식 전환과 맞물린다. 이성애와 동성애는 '다른 것'이지 '틀린 것'은 아니라고 인정하는 인식이 과거에 비해 널리 퍼졌다.

하지만 선입견이나 편견은 쉽게 바뀌지 않는다. 대중은

　　　　　　　가장 사적인 마음의 탐색

항상 익숙한 것을 선호하기 때문이다. 〈해피투게더〉를 본 후 왕자웨이 감독의 빼어난 연출과 더불어 장궈룽과 량차오웨이, 두 불세출의 스타의 모습을 보면서 동성애를 새로운 시각으로 바라보려는 작은 움직임이 일 무렵, 대중은 스크린 밖에서 이 금기를 수면 위로 끌어올린 현실과 마주했다.

커밍아웃과 콤플렉스의 시작

밀레니엄을 맞은 2000년, 대한민국 유명인 중 커밍아웃 1호인 배우 겸 방송인 홍석천의 고백은 일대 사건이었다. 당시 신문 1면의 제목은 '나는 호모다'였다. 사실 홍석천 씨는 실제로 직접 이런 말을 한 적이 없다. 이 제목 안에는 이미 동성애를 바라보는 폭력적인 시각이 담겼다. 신문지면과 온라인을 통해 이 기사를 접한 이들은 이미 편견을 깐 채 기사를 읽어 내려갈 수밖에 없었다. 이 상황에 대해 홍석천은 '평생을 안고 가야 할 또 다른 콤플렉스의 시작이었다'고 말했다.

왜 '또 다른' 콤플렉스였을까? 커밍아웃 이전부터 그는 머리칼이 없는 민머리, 코맹맹이 목소리에 대한 콤플렉스를 갖고 있었다. 이런 정체성에 대해 처음부터 콤플렉스를 느낀 건 아니다. 부모와 누나들의 사랑을 듬뿍 받으며 충분히 만족스러운 삶을 살던 홍석천은, 학창 시절 그의 '다름'을 놀림의 대상으로 여기는 이들의 편견과 마주한 후 콤플렉스라는 감정을 피부로 느끼기 시작했다. 콤플렉스라는 건, 결국 상대적이다. 스스로 자신이 남들보다 부족하다고 느끼거나 남들과 다르다고 생각하면서 만들어지는 감정이지만, 통상적으로는 타인의 폭력적인 시선에서 잉태된다.

이런 관점에서 본다면, 콤플렉스 없는 삶이란 불가능하다. 태어난 이후 항상 인간은 비교와 경쟁 속에 던져지기 때문이다. 나이, 성별, 외모, 국적, 키, 몸무게, 성적 등 타인과 나는 모든 것이 다르다. 특정 분야에서는 우월해도, 또 다른 분야에서는 열등할 수 있다. 99개를 가진 이가 '난 1개가 부족하다'고 호소한다면 이 역시 콤플렉스다.

결국 콤플렉스에서 보편성을 찾기란 참 어렵다. 각자가 가진 개별성이 강한 요인으로 작용하기 때문이다. 그래서 대한민국에서 가장 많은 콤플렉스를 가졌을 것으로 꼽히는 인물, 하지만 이 콤플렉스를 슬기롭게 극복한 대표적인 사례로 거론되는 인물인 홍석천과의 오랜 기간에 걸친 대화는 꽤 의미가 있었다. '대한민국에서 콤플렉스가 가장 많은 사람'이라는 그의 말은 돌려 생각하면 '대한민국에서 콤플렉

가장 사적인 마음의 탐색

스와 가장 오래 싸워 온 사람'으로 치환될 수 있기 때문이다.

콤플렉스를 인정하라

콤플렉스complex. 사전적 의미는 '현실적인 행동이나 지각에 영향을 미치는 무의식의 감정적 관념'이다. 통상적으로 콤플렉스의 저변에는 '남들보다 못하다' 혹은 '나만 다르다'는 열등의식이 자리 잡고 있다. 이를 느끼는 지점은 저마다 다르고, 발현되는 형태나 대처 방식 또한 일관성을 찾기 어렵다. 그렇기 때문에 뻔한 조언이 아니라 맞춤형 처방이 필요하다.

숱한 선입견과 편견, 그로 인해 불거진 콤플렉스와 평생 싸워 온 홍석천은 대한민국에서 가장 유명한 성 소수자이자 방송인 겸 배우, 또 다양한 요식 사업가이자 셰프이다. 그를 둘러싼 다양한 수식어만큼이나 다양한 오해와 맞닥뜨리며 살아온 그는 서울 이태원에 터를 잡았다. 넷플릭스에서 소개돼 글로벌 인기를 누린 드라마 〈이태원 클라쓰〉가 전과자, 성소수자, 다문화 가정에서 자란 이들의 성공기를 다뤘듯이, 대한민국에서 가장 다양한 국적과 인종, 문화가 어우러지는 이곳은 그나마 그가 숨을 쉴 수 있는 공간이었다. 그는 '이태원은 2000년 커밍아웃 이후 유일하게 그를 품어 준 곳'이라고 말했다. 각자의 사연으로 콤플렉스를 가진 이들이 서로를 보듬는 곳이었다는 의미다. 20여 년간 이곳에서 살며 그가 깨달은 것은, 콤플렉스는 '극복하는 것'이 아니라 '인정하는 것'이 먼저라는 점이다.

음… 어렸을 때는 굉장한 '콤플렉스 덩어리'였어요. (웃으며) 일단 헤어스타일부터 그렇잖아요. 어린 시절에 머리를 밀어서, 외모적으로도 '남들과 다르다'는 콤플렉스가 있었죠. 어딜 가도 사람들의 시선이 느껴지는데 '다르다'가 아니라 '좀 이상하다'고 보는 듯했어요. 게다가 원래 제 직업이 배우잖아요. 이런 외모와 목소리에 대한 편견 때문에 다양한 역할을 맡지 못한다는 아쉬움도 있었죠. 그동안 제 경험으로 미루어 볼 때 콤플렉스가 없는 사람은 없었어요. 다들 콤플렉스 하나쯤 갖고 있는데, 없는 척하고 살고 있지 않나요?

부자연스러움은 주변의 눈길을 끈다. 그래서 감추려 할수록 더욱 드러나는 법이다. 물고기들이 상처 입은 동료 물고기들의 환부를 공격하듯, 혹자는 상대의 콤플렉스를 눈치챈 순간, 집요하게 파고든다. 이를 숨기기 위해 거짓말을

가장 사적인 마음의 탐색

하기 시작하면, 이를 정당화하기 위한 또 다른 거짓말을 궁리해야 한다. 굉장히 피곤하고 괴로운 일이다.

자신의 잘못에 의한 처벌이야 달게 받는다지만, 어떠한 잘못도 없이 자연스럽게 체득한 것이 자신의 잘못처럼 인식되고, 또 놀림의 대상이 된다면 이처럼 곤혹스럽고 억울한 일도 없다. 그러니 그 응어리는 콤플렉스가 된다.

홍석천 역시 이런 과정을 겪었다. 어릴 적부터 남들과는 조금 다른 말투와 외모로 인해 곱지 않은 시선을 느끼곤 했다. 그런 그가 커밍아웃을 선택한 것은, 오히려 '나의 정체성을 적극적으로 알려 힐끔거리는 시선으로부터 조금 더 자유로워지자'는 취지였다. 결국 콤플렉스라는 한국인의 아픈 마음은, 내 마음속에서 자생적으로 돋아나기보다 사회적 관계 속에서 길러진다는 것을 일찍 체득한 셈이다.

처음 그런 시선을 느꼈을 때는, 스스로 '남들과 다를 뿐'이라고 생각하고 콤플렉스로 여기진 않으려 했어요. 하지만 주변의 부정적인 반응을 반복적으로 접하면서 '좀 부끄러운 일인가?'라는 생각을 강요받게 됐죠. 그러다 '내가 가진 콤플렉스를 장점으로 생각하면 어떨까?'라고 생각해 보기로 결심했어요. 남들과 다른 제 모습을 장점으로 받아들이려고 스스로를 세뇌시키는 자세였죠. '내가 가진 콤플렉스는 콤플렉스가 아니다'라고 생각하는 게 콤플렉스를 극복하는 데 도움이 됐어요. 그런 노력이 없었다면 이렇게 뻔뻔하게 대중 앞에 나서지 못했을 것 같아요. 머리를 민 다음에는, 일부러 사람이 많은 곳을 찾아다녔어요. 커밍아웃하고 일이 없어졌을 때도 일부러 동대문 시장, 남대문 시장에 가고 지하철을 타고 하루 종일 돌아다녔죠. 대신 선글라스를 착용하고 다녔어요. 그때까지만 해도 차마 눈을 마주칠 용기는 없었는데, 부끄러움을 무릅쓰고 스스로를 '단련'하는 시간이었어요. 그런데 신기한 게, 나 스스로 콤플렉스를 긍정적으로 받아들이려 노력하니, 주변의 시선도 달라지더군요. '어? 저 당당함과 자신감, 어디서 오는 거지?'라고 생각하며 인정해 주는 분들이 늘어났어요. 그러면서 나를 더 사랑하고 아끼는 방법을 체득한 것 같아요. 내가 나를 아끼지 않는데 누가 날 아껴 줄까요?

걷어 낼 수 없는 그림자

저명한 심리학자 카를 구스타프 융Carl Gustav Jung은 '인간의 마음은 많은 콤플렉스로 구성되어 있다'고 했다. 특히 그는 무의식에 있는 콤플렉스를 집중 연구했고, 콤플렉스를 도

출해 내는 단어 연상 검사도 고안했다. 융에 의하면, 콤플렉스는 외부에서 주어지는 것만은 아니다. 나에게 내재된 요소라는 것이다.

우리는 살아가며 '걔 성격은 어때?'라며 주변인에 대한 평을 묻고, 듣는다. 누군가는 밝고 명랑하고, 또 다른 누군가는 사납거나 우울하다. 이는 각자를 나타내는 특징일 뿐, 이 자체에서 잘잘못을 가릴 수는 없다. 콤플렉스도 이와 마찬가지다. 내가 느끼는 콤플렉스는 내 성격의 구성 요소라는 것이다. 마음이 힘들 때는 여행이나 책 읽기, 음악 듣기 등을 통해 스스로 마음을 달래듯, 콤플렉스 역시 생활 속 처방을 통해 이를 다스려야 한다. 완전히 걷어 낼 수 없는 나의 그림자와 같은 존재라는 의미다.

콤플렉스는 꼬리에 꼬리를 문다. 예를 들어 보자. 고졸자 중 일부는 대졸자를 부러워한다. 몇몇 대졸자들은 대학 서열에 집착하며 학벌을 놓고 경쟁한다. 대학 졸업 후에는 어떤 직장과 직업을 갖는지를 두고 서로의 눈치를 본다. 이런 과정을 거쳐 누구나 인정할 만한 좋은 직장에 입성하면 콤플렉스가 사라질까? 그렇지 않다.

취업포털 잡코리아의 2010년 조사를 보면 '직장 생활 중 콤플렉스를 느낀 적이 있느냐'는 질문에 93퍼센트가 '있다'

콤플렉스는 스스로 자신이 남들보다 부족하다고 느끼거나
남들과 다르다고 생각하면서 만들어지는 감정이지만,
통상적으로는 타인과의 비교 혹은
타인의 폭력적인 시선에서 잉태된다.

라고 답했다. 설문에 응한 전체 인원의 43.3퍼센트가 '외모'가 가장 큰 콤플렉스라고 답했고, 학벌(20.1퍼센트), 영어(16.9퍼센트), 착한 성격(9.2퍼센트), 이름(1.3퍼센트), 일 중독(1.2퍼센트), 기타(1.0퍼센트) 순이었다. '없다'는 답변은 7.0퍼센트에 그쳤다. 외모에 대한 콤플렉스는 남녀 모두에게서 가장 큰 콤플렉스인 것으로 집계됐다. 남성 직장인이 36.1퍼센트, 여성 직장인 51.0퍼센트가 외모에 불만을 드러냈다.

콤플렉스를 느끼는 '외모' 역시 세분화된다. 외모 중 가장 큰 콤플렉스 부위(복수응답)로 '키(39.0퍼센트)'를 꼽았고, 몸무게(28.6퍼센트), 피부(20.8퍼센트), 코(15.8퍼센트), 눈(13.1퍼센트), 얼굴 크기(12.4퍼센트), 턱(8.1퍼센트), 머리(7.7퍼센트), 입(7.3퍼센트) 등에 '불만이 있다'고 답했다.

하지만 이 설문에서 진짜 중요한 질문은 마지막에 있다. 설문 참가자들은 '자신을 얼마나 사랑하느냐'는 질문에는 대체로 긍정적 답변을 내놨다. 100점 만점에 평균 74점이었다. 설문 참가자들이 평균적으로, 지금 자신이 가진 것 중 4분의 3 정도는 만족한다는 의미다. 그런데 나머지 불만족스러운 4분의 1이 콤플렉스로 작용해, 전체를 지배하는 이들이 적잖다.

자기 자신에게, 또 주어진 삶에 100퍼센트 만족하는 이가 얼마나 될까? 사회 통념으로 봤을 때, 사실상 '제로'에 가깝다. 결국 어느 정도의 불만족은 안고 살아가고, 이를 극복해 가는 과정은 오히려 삶의 활력소가 되거나 스스로를 발전시키는 기제로 작용한다. 하지만 몇몇은 나의 삶의 소수를 차지하는 콤플렉스가 전체 삶을 갉아먹기도 한다. 콤플레스를 나 자신의 일부로 인정하고 순응하지 못한 탓이다.

곽금주 서울대 심리학과 교수는 저서《마음에 박힌 못 하나》에서 다음과 같이 콤플렉스를 이야기한다.

아픔 없는 인생이 없듯이, 콤플렉스 없는 사람은 없다. 볼 수 없지만 엄연히 존재하는 달의 이면처럼. '나'라는 존재 이면에는 드러나지 않은 콤플렉스가 잠재돼 있다. 그러니 콤플렉스 자체를 없애려는 시도는 애초에 부질없는 노력인지도 모른다. 그보다 자신의 콤플렉스가 무엇인지 들여다보고 분석하고, 잘 다독이며 나를 구성하는 한 부분으로 끌어안고 사는 것이 더 건강한 삶일 수 있다. '내 콤플레스는 이것이다'라고 인식할 때, 그것은 이미 더 이상 당신을 아프게 하는 못이 아니게 된다.

《마음에 박힌 못 하나》, 곽금주

비교와 박탈감 사이에서

홍석천은 대한민국의 대표적 상담가다. SNS를 통해 고민을 토로하고 손 내미는 이들을 마다하지 않는다. 전문적인 학위를 가진 상담가는 아니지만 실제 상담 사례, 즉 임상으로 봤을 때는 둘째가라면 서럽다. 그런 그에게 물었다. "대한민국 사람들은 콤플렉스가 많은 편인 것 같나요?"

주저하지 않고 '어마어마하죠'라고 말문을 연 그는 그게 다 비교 때문에 생긴 거라고 역설했다.

나 자신을 있는 그대로 받아들여야 하는데, 계속 누군가와 비교하면서 박탈감을 느껴요. '자기 PR 시대'라는 표현이 나온 지 20년이 지난 것 같은데, 오히려 예전보다 더 자존감이 낮아진 것 느낌을 받아요. 그런 박탈감에서 오는 우울함도 크죠. '어떻게 하면 이런 콤플렉스를 극복할 수 있나'는 질문이 많아요. 그런데 따지고 보면 누구도 그 사람에게 콤플렉스를 강요한 적은 없어요. 결국, 스스로 만들어 놓은 콤플렉스 세상에서 벗어나지 못해서 불행하다고 느끼는 것 같아요.

따지고 보면, 유기적으로 연결된 지구촌에서 살아가는 모두가 항상 비교하며 살아가고 이로 인해 갖가지 문제가

가장 사적인 마음의 탐색

발생한다. 인류의 고질적 병폐인 인종 차별을 비롯해 언어, 지역주의, 환율 등 모두 비교의 대상이자 산물이다. 여기서 궁금해진다. 이런 문제로부터 비교적 자유롭고 스스로 '한민족'이라 자처하는 대한민국 내부의 구성원들은 왜 결속하지 못하며 비교와 시기, 질투가 범람할까?

필자는 그 뿌리를 장기간 한민족을 지배한 유교 문화에서 찾는다. 중국 공자의 가르침에서 시작된 도덕 사상인 유교는 근대로 접어들기 직전인 조선 왕조 500년을 지배한 개념이다. 이는 양반 제도라는 철저한 신분제를 바탕으로 사농공상의 다름, 남존여비 등 숱한 수직 관계와 구분 짓기의 모태가 됐다. 실용주의 노선을 추구하는 미주 지역에서 기업가들이 수많은 이들이 존경의 대상이 되는 반면, 한국을 움직이는 적잖은 기업인들이 여전히 '돈의 화신'처럼 폄훼되는 것인 경제 활동(사농공상의 상商)을 비천하게 취급하던 과거의 인식과 잔재가 남아 있는 것이라 연결 짓는 건 지나친 비약일까?

또 유교 문화를 대표하는 키워드는 체면體面이다. '남을 대하기에 떳떳한 도리나 얼굴'이라는 사전적 의미를 갖지만, 보다 적확한 표현은 이희승의 수필 〈딸깍발이〉에서 찾을 수 있다.

사실로는 졌지마는 마음으로는 안 졌다는 앙큼한 자존심, 꼬장꼬장한 고지식, 양반은 얼어 죽어도 겻불을 안 쬔다는 지조志操, 이 몇 가지가 그들의 생활신조였다. 실상, 그들은 가명인假明人이 아니었다. 우리나라를 소중화小中華로 만든 것은 어줍지 않은 관료들의 죄요, 그들의 허물이 아니었다. 그들은 너무 강직하였다. 목이 부러져도 굴하지 않는 기개氣槪, 사육신死六臣도 이 샌님의 부류요, 삼학사三學士도 '딸깍발이'의 전형典型인 것이다. 올라가서는 포은圃隱 선생도 그요, 근세로는 민충정閔忠正도 그다.

〈딸깍발이〉, 이희승

영국 경제 주간지 〈이코노미스트〉의 서울 특파원이었던 다니엘 튜더는 2013년 국내 출간한 《기적을 이룬 나라 기쁨을 잃은 나라》에서 한국의 이러한 체면 문화에 일침을 놓았다. 그는 OECD 회원국 가운데 8년째 1위(2013년 기준)를 차지하고 있는 한국의 자살률과 지나친 교육열, 성형 광풍 등의 원인으로 한국인 특유의 체면 문화를 꼽았다. "단지 '좋은 사람'이 되는 것만으로는 부족한 '체면 인플레', 새 것이라면 일단 손에 넣고 봐야 직성이 풀리는 네오필리아 neophilia (새것에 대한 애호증), 외국에까지 널리 알려진 성형

가장 사적인 마음의 탐색

수술 열풍, 결혼 상대를 찾을 때조차 서로에게 완벽을 요구하는 엄친아·엄친딸의 신화"를 꼬집으며 과도한 체면 문화가 비판을 억압하는 수단이자 콤플렉스 발생시키는 기제로 작용한다고 지적했다.

한국인의 체면과 허례허식, 거기서 비롯된 콤플렉스가 집약적으로 드러나는 공동체 문화는 바로 결혼이다. 웨딩 컨설팅 '듀오웨드'가 지난 2015년 신혼부부 1000명(남성 516명, 여성 484명)을 대상으로 결혼 준비 만족도와 작은 결혼식에 대한 인식을 알아보기 위해 진행한 설문 조사에 따르면, 기혼자의 70퍼센트는 '다시 결혼 준비를 한다면 비용을 최소화하겠다'고 했으며 가장 축소하고 싶은 결혼 준비 품목으로 예단(41.3퍼센트)과 예물(18.2퍼센트)을 꼽았다. 대체로 예식 품목(웨딩 패키지와 예식장 등. 26.1퍼센트)보다 예식 외 품목(예단, 예물, 혼수 등. 70.4퍼센트)을 줄이길 원했다. 이렇게 인식하면서도 정작 불필요한 결혼 절차를 축소, 생략하기 어려운 이유에 대해서는 '고착화된 결혼 절차(45.8퍼센트)'와 '주변의 이목과 체면(33.6퍼센트)' 때문이라고 답했다.

인간은 타인의 시선으로부터 자유롭기 어렵다. 사회적 동물이기에 타인의 이목을 신경 쓸 수밖에 없고, 특히 유교 문화에 젖은 한국인들은 자신 혹은 타인의 눈높이에 걸맞은 상황을 만들지 못하면 '체면이 말이 아니다'라고 토로한다. 이런 자책은 콤플렉스의 다른 이름이다.

콤플렉스 부추기는 SNS

알렉스 퍼거슨 잉글랜드 프리미어리그 맨체스터 유나이티드 전 감독은 'SNS는 인생의 낭비'라고 말했다. SNS에 올린 사진 한 장, 글 한 줄로 구설에 오르는 이들을 보며 SNS가 '사생활 낭비 서비스'의 준말이라는 우스개도 나온다. 그래도 상관없다. 스마트폰을 통해 세상을 보고, 이를 활용해 사람들도 소통, 교류하는 이들에게 SNS는 필수 불가결한 존재가 됐다. 안타까운 것은, SNS 속 '만들어진 세상'이 콤플렉스를 강화하고 조장하는 방향으로 나아간다는 점이다.

SNS를 이용자, 수용자 두 가지 관점으로 나눠서 살펴보자. SNS의 이용자로서 대중은 자신의 일상을 공유하고 이에 대한 피드백을 받고, 또 답한다. 이쯤에서, 가슴에 손을 얹고 스스로에게 물어보자. SNS를 보여 주는 일상이, 과연 평소에 항상 일어나는 실제 일상인가? 스스로 생각해도 가장 뿌듯한 모습, 남들이 나를 '이렇게 바라봐 주면 좋겠다'

고 바람을 담은 모습, 일상인 척 가장한 나의 특별한 순간은 아닌가?

최근 발간된 《구독, 좋아요, 알림설정까지》의 저자 정연욱 씨는 SNS 이용자를 세 갈래로 분류하는데 이른바 물질파, 육체파, 정신파다. 명품과 맛집, 해외여행 등 거액이 전제돼야 취할 수 있는 환경으로 가득한 콘텐츠를 추구하는 이들이 물질파, 빼어난 외모와 근육질 몸매를 뽐내며 요즘 유행하는 '바디 프로필' 촬영에 도전하고 싶은 욕구를 자극하는 이들이 육체파라면 해박한 지식을 뽐내며 그럴듯한 일장 연설을 늘어놓는 이들이 정신파라고 저자는 규정한다. 물론 모두가 이런 용도로 SNS를 활용하지는 않는다. 하지만 적어도 타인의 '구독, 좋아요, 알림설정'을 이끌어 내기 위해서는 물질파, 육체파, 정신파 중 한 범주에 포함돼야 한다는 주장이다.

SNS 속 그들의 삶은 완벽해 보인다. 신상 명품을 들고 유유히 해외 여행을 다닐 만큼 경제적 여유가 넘치고, 군살 하나 없는 몸매와 연예인 뺨치는 외모로 주목받는다. 각종 사회적 현안에 대한 깊이 있는 식견을 드러내며 칭송받기도 한다.

이런 SNS 계정을 운영하는 이들의 의도는 무엇일까? 적어도 불특정 다수에게 '구독, 좋아요, 알림설정'을 요청하는 이들의 속내는 빤하다. 많은 팔로워를 거느리며 대중의 관심을 받고 영향력을 끼치는 인플루언서가 되는 것이다. 스스로는 채울 수 없는 심리적 허기를 대중이 보내는 부러움의 시선을 통해 채우겠다는 심산이다. 많은 팔로워를 확보하면 종종 경제적 이득으로 연결되기도 하니, 그들은 온라인 속 만들어진 세상에 더욱 몰두한다.

인플루언서라 불리는 SNS 이용자가 되지 못하는 수용자들이 물질파, 육체파, 정신파의 SNS를 팔로잉하는 건 어떤 심리일까? 그 저변에는 부러움이 깔려 있다. 그들처럼 되고 싶다는 '워너비wannabe' 심리다. 하지만 이를 실현시키기는 쉽지 않다. 결과적으로 단순히 대리만족을 느끼는 데 그치지 않고, 상대적 박탈감과 열패감을 강화시키며 스스로 콤플렉스를 강화시키는 방향으로 흐를 수 있다는 의미다.

SNS 범람이 콤플렉스를 조성한다고 전제한 홍석천은 어떤 여성이 '너무 불행하다'고 자신에게 조언을 청했던 일화를 들려줬다.

그 분은 계속 저에게 '부족한 게 너무 많다'고 했는데, 막상 그분의 SNS를 보니 정말 예쁘고, 주변 환경도 대단히 좋았어요. 그런데 실제 삶은 그렇지 않은데, 그렇게 보이도록 SNS를 관리하는 것 자체에 스트레스를 받고 불행해하더라고요. SNS는 나만의 공간인데, 정작 하고 싶은 이야기를 못 하고 올리고 싶은 사진도 못 올리고 계속 자기 검열을 하고 있었어요. 결국 '남들에게 보여 주기 위한 삶'을 살다 보니 불행할 수밖에 없더라고요.

미국 웨버 주립대의 컴퓨터 과학 초빙 교수인 루크 페르난데스와 같은 대학 총장특임 역사학 교수인 수전 J. 맷이 함께 쓴 《테크 심리학》은 페이스북이 우리를 외롭게 만들고 셀카는 자아도취를 부르며 트위터와 게시판에는 적대감이 가득하다고 지적하며 다음과 같이 강조했다.

현대 사회를 살아가는 많은 사람이 자아도취와 고독, 지루함, 산만함, 분노, 경외감 등에 시달리며 새로운 자아의식과 새로운 정서, 인간 됨에 대한 기대와 개념을 새롭게 정립하고 있음을 발견했다. 그리고 현대 기술이 감정을 규정하던 많은 제한을 없앴다고 말한다. 그리하여 우리는 끊임없이 자극받고, 참여하며, 남들의 인정을 받고자 애쓰게 되었다. 분노와 반사회적 충동은 제한되기는커녕 우리가 애지중지하는 디지털 기술들로 인해 더욱 강화되었다.

《테크 심리학》, 루크 페르난데스, 수전 J. 맷

SNS에서 과시를 위한 사진을 올리거나 익명성에 숨어 분노하고 남을 공격하는 모습들이 바로 위와 같은 변화라고 강조한다. 그런데 비대면을 강요하는 코로나19 시대는 이를 가속화시켰다. 대면의 온기는 비대면의 편리와 안전에 밀렸다. 하지만 감정의 진화가 기술의 발전을 따라가지 못하는 형국이다. 누군가는 SNS를 통해 과시하고, 또 다른 누군가는 이를 부러워하고 상대적 박탈감을 느낀다. 그리고 이는 또 다른 콤플렉스의 양산으로 이어진다.

함께 보면 좋은 영화

루카 엔리코 카사로사 감독

"네가 날 성에서 나오게 해줬잖아." 홍석천 씨는 이 대사를 콤플렉스를 극복하기 위해 노력하는 이들에게 들려주고 싶다고 말했습니다. 이 영화는 차별과 편견을 딛고 인간 사회의 일원으로 성장해 가는 바다 괴물의 이야기를 담은 애니메이션인데요. 바닷속에 사는 루카와 알베르토는 인간에게 해를 끼치지 않음에도 인간들로부터 '바다 괴물'이라 불립니다. 루카의 시선에서는 인간이 '육지 괴물'과 다름없지만, 루카와 알베르토는 인간의 모습을 한 채 그들과 동화되려 노력하죠. 영화 말미에 알베르토는 더 넓은 세상으로 나가길 꿈꾸는 루카에게 기차표를 건네며 "네가 날 성에서 나오게 해줬잖아"라고 격려합니다. 콤플렉스를 오히려 자신의 강점으로 승화시키는 이야기에 가깝죠.

또한 이 영화는 소수자의 이야기를 그립니다. 바다 괴물로 치부되는 주인공뿐 아니라 그들과 짝을 이루는 인간, 줄리아는 여성이라는 이유로 번번이 무시당하며 그의 아버지는 장애를 가진 소수자입니다. 그들이 서로 연대하며 위기를 극복하고 주변의 인정을 받게 됩니다. 어린이 애니메이션으로 생각하기 쉽지만, 성인들도 공감할 수 있는 여러 코드가 들어 있습니다.

셰이프 오브 워터:사랑의 모양
기예르모 델 토로 감독 | 셸리 호킨스 마이클 섀넌 주연

연구소에서 청소부로 근무하며 청각 장애를 가진 여성 엘라이자(샐리 호킨스 분)와 연구소에 붙잡혀 와 온갖 실험을 당하는 괴생명체의 교감을 예술적으로 승화시킨 영화입니다. 주인공을 소수자로 설정한

이 영화를 보다 보면 내 안의 편견을 깨닫게 되고 나아가 우리 사회가 다양한 정체성의 사람들과 더불어 살아갈 수 있는 가능성 또한 엿보게 됩니다. 차별과 편견에 경종을 울리는 영화입니다.

가장 사적인 마음의 탐색

사진 ⓒ 문화일보

14쪽, 120쪽 김선규 | 78쪽, 224쪽, 262쪽 김호웅

50쪽, 168쪽, 곽성호 | 196쪽 김낙중

일러스트 ⓒ 이정호 40쪽, 64쪽, 96쪽, 146쪽, 186쪽, 216쪽, 236쪽, 272쪽

핫펠트 가사 게재 KOMC 승인필. (7장)

가장 사적인 마음의 탐색

초판 1쇄 발행 2022년 8월 19일

지은이	김인구 나윤석 박동미 안진용 최현미
책임편집	박소현
디자인	김슬기
펴낸곳	㈜바다출판사

주소	서울시 종로구 자하문로 287
전화	02-322-3885(편집), 02-322-3575(마케팅)
팩스	02-322-3858
e-mail	badabooks@daum.net
홈페이지	www.badabooks.co.kr

ISBN   979-11-6689-104-5 03180